本书的项目资助：
北京市教委基本科研业务费项目（110052972027/131）
北方工业大学新引进教师科研启动费（110051360002）

资源诅咒、产业结构与绿色经济增长

郑婷婷 著

中国财富出版社有限公司

图书在版编目（CIP）数据

资源诅咒、产业结构与绿色经济增长／郑婷婷著．—北京：中国财富出版社有限公司，2021．8

ISBN 978－7－5047－7502－3

Ⅰ．①资…　Ⅱ．①郑…　Ⅲ．①中国经济—经济发展—研究　Ⅳ．①F124

中国版本图书馆 CIP 数据核字（2021）第 162345 号

策划编辑	沈安琪	**责任编辑**	邢有涛　沈安琪		
责任印制	尚立业	**责任校对**	张营营	**责任发行**	杨　江

出版发行	中国财富出版社有限公司		
社　　址	北京市丰台区南四环西路 188 号 5 区 20 楼	**邮政编码**	100070
电　　话	010－52227588 转 2098（发行部）		010－52227588 转 321（总编室）
	010－52227566（24 小时读者服务）		010－52227588 转 305（质检部）
网　　址	http：//www. cfpress. com. cn	**排　　版**	宝蕾元
经　　销	新华书店	**印　　刷**	北京九州迅驰传媒文化有限公司
书　　号	ISBN 978－7－5047－7502－3/F·3329		
开　　本	710mm×1000mm　1/16	**版　　次**	2021 年 12 月第 1 版
印　　张	11. 75	**印　　次**	2021 年 12 月第 1 次印刷
字　　数	205 千字	**定　　价**	52. 00 元

序

随着经济全球化程度的日益加深，各国依照自身的比较优势参与全球产业分工。按照比较优势原则，自然资源丰裕的国家应大力发展以初级产品出口为主的自然资源产业，这样就能促进经济的发展。而现实情况恰恰相反，在全球产业分工中，以出口自然资源为主的发展中国家处于产业链底端，其自然资源不仅没有成功推动经济增长，反而阻碍了经济增长，这就是学界所说的资源诅咒现象。

我国资源依赖地区的发展也面临同样问题，资源依赖地区作为我国重要的原材料和能源供给地，对国家经济的持续发展起到了重要作用。但是由于粗放型的开发和经营方式，资源依赖地区资源枯竭速度快、矿工失业率高且再就业难、生态环境遭到严重破坏、经济发展缺乏后劲，陷入了资源诅咒的困境之中。

为了破解资源诅咒，国内外学者展开了一系列有意义的研究，特别是国际上关于资源诅咒的研究更为广泛。但是由于每个国家的自然条件、历史环境和制度等差异较大，国际上关于资源诅咒的研究结论并不能完全应用到我国。我国关于资源诅咒问题的研究仍需进一步探索。

随着我国社会经济发展进入新的历史阶段，绿色经济增长成为我国经济更高质量、更有效率、更可持续发展的必然选择。同时，考虑到资源依赖地区面临的资源浪费和环境污染问题更加严重，笔者大胆探索、小心求证，将绿色经济增长引入资源诅咒的研究中，从经济高质量发展的视角对地级市总体、资源型城市和非资源型城市的资源诅咒问题进行了验证。笔者在梳理分析现有资源诅咒传导机制文献的基础上，根据对自然资源与产业结构、产业结构与绿色经济增长的相关文献的总结和提炼，将资源诅咒研究中长期被忽略的因素——产业结构纳入资源诅咒传导机制的研究中，对资源诅咒进行了再验证。笔者系统深入地分析了产业结构在资源诅咒中的作用，进而围绕资源诅咒传导机制的分析，对我国资源型城市走出资源诅咒困境提出了相关的政策建议。本书的研究主要体现在以下几个方面。

第一，基于绿色经济增长视角，对我国地级市层面的资源诅咒现象进行了验证。从研究视角来看，我国经济已经由高速增长阶段转向高质量发展阶段，而大多数关于资源诅咒的研究还集中于经济增长速度角度；从研究范围来看，我国资源诅咒研究多集中于国家、地区和省际层面，对地级市层面的深入研究较少。因此，本书将资源消耗和环境污染的因素考虑在内，使用DEA-Malmquist 指数法测算出 285 个地级及以上城市的绿色经济增长水平，取代经济增长速度进一步研究资源诅咒问题。绿色经济增长水平的测算结果显示：①从时间演变来看，2004—2016 年我国地级市绿色经济增长总体上呈现出增长趋势，且资源型城市和非资源型城市之间的差距逐渐缩小。②从空间分布来看，绿色经济增长较高的地区集中于东南沿海的部分城市，东北及中部的城市绿色经济增长提高有限。③从周期波动来看，我国绿色经济增长呈现出明显的 4—5 年周期波动现象。

笔者考虑到要素之间的空间相关性，将空间因素纳入对资源诅咒的分析中，利用空间杜宾模型（SDM）对资源依赖度与绿色经济增长之间的关系展开验证，即对我国地级市层面的资源诅咒进行再验证。结果显示：①从非资源型城市来讲，资源依赖度与绿色经济增长之间呈弱负相关性。②从地级市总体和资源型城市来讲，资源依赖度与绿色经济增长之间存在显著的倒 U 形关系。这进一步说明资源依赖地区产业发展水平过度依赖资源开采，才会导致资源诅咒，天赋资源并非总会成为经济发展的诅咒。

第二，现阶段我国处于经济结构调整的关键时期，结构因素对经济高质量发展的作用不容忽视。但是长期以来，产业结构这一因素被排除在资源诅咒传导机制之外，这无论是在理论上还是实践上都不利于对资源诅咒问题进行深入研究。有鉴于此，本书利用中介传导模型从产业结构的视角对资源诅咒形成的内在原因进行探讨，进一步丰富了资源诅咒传导机制的相关理论研究，而且为资源依赖地区破解资源诅咒、实现可持续发展提供一定的经验。结果显示：①资源依赖会通过扭曲产业结构的合理化、制约产业结构的高级化，从而制约产业结构转型升级。在地级市总体层面和资源型城市层面，资源依赖度对产业结构三个维度的影响较为显著；在非资源型城市层面，资源依赖度仅制约产业结构高级化和产业结构转型升级。②产业结构通过合理化和高级化的演进推动地区绿色经济增长；但是资源型城市的产业结构合理化和产业结构转型升级都没有发挥出对绿色经济增长的促进作用。③产业结构是资源诅咒的传导机制之一，即产业结构在资源依赖度与绿色经济增长的关系中起部分中介作用，但是存在不同维度的差异性。

第三，传统的关于资源诅咒的研究主要从静态面板模型展开，本书将面板向量自回归模型（PVAR）引入资源依赖度、产业结构与绿色经济增长的研究中，从动态视角研究了资源依赖度、产业结构与绿色经济增长之间的互相冲击和反馈机制。结果发现：①资源依赖度对产业结构存在显著的负向影响，这种负向影响在不同资源类型的地区都存在。②资源型城市的产业结构没有发挥出对绿色经济增长的结构红利；地级市总体和非资源型城市产业结构都对绿色经济增长显示出促进作用，但是地级市总体的促进作用要显著小于非资源型城市。目前，我国产业结构转型升级仍然需要进一步推进，以发挥出对绿色经济增长的结构红利。③产业结构存在较强的自我强化机制，这种自我强化机制在不同资源类型的地区都很显著。

第四，本书在对资源诅咒挤出效应进行分析的同时，将门槛效应引入其中，较好地解释了资源型城市资源依赖度与绿色经济增长倒U形关系的成因。即资源型城市由于对自然资源依赖超过一定的水平，产业结构、技术创新、人力资本的发展程度显著低于门槛值，资源依赖度对绿色经济增长不再呈现“红利效应”而转为“挤出效应”，资源依赖度与绿色经济增长的关系落入倒U形曲线的右侧，即从资源祝福转为资源诅咒。

第五，在相关实证研究的基础上，本书根据资源型经济的不同发展阶段，分别筛选了对应资源开发初期、资源繁荣中期、资源衰退后期的国外资源依赖地区产业发展案例，并总结分析了相关经验，期望能对我国不同发展阶段的资源型城市的经济高质量发展有一定的借鉴作用。

第六，坚持问题导向，基于实证研究和案例分析，本书对资源依赖地区如何走出资源诅咒困境、实现经济高质量发展提出了具有针对性的对策措施。

目　录

第一章　导论

1.1　研究背景及意义

1.1.1　研究背景

1. 理论背景：资源诅咒理论仍然有待完善

自然资源与经济增长的关系一直是经济学界研究的重点。一方面，丰裕的自然资源作为经济增长的原始动力对地区经济的发展起着重要的作用，经济的高速增长往往建立在丰裕的自然资源基础上，以至于对资源、能源的消费总量一度成为地区经济增长程度的侧面衡量指标，资源型城市凭借对丰裕资源的开发能够取得大量的财富，被称为资源祝福，美国、泰国、挪威等地丰裕的自然资源成功带动了经济发展。另一方面，不少资源丰裕的地区出现经济发展落后的情况，反倒是一些资源贫瘠的地区赢得了经济的快速发展，自然资源不仅没有为经济发展助力，反而阻碍了地区经济的快速发展，随之而来的是生态环境恶化、经济结构不良等一系列问题。瑙鲁共和国、塞拉利昂共和国等国虽然拥有丰裕的自然资源，但是经济落后、人民困苦不堪。这种丰裕的自然资源没有带来经济增长，反而成为地区经济的拖累的现象被概括为资源诅咒（Auty，1993）。

资源祝福和资源诅咒同时存在的现状始终困扰着学界，到目前为止自然资源与经济增长之间的关系仍然没有定论，所以采用更科学的研究方法、更精准的数据、更确切的案例、更新颖的研究视角对资源诅咒问题进行进一步研究，能够丰富资源诅咒的相关理论。

资源祝福是资源丰裕地区乐见的情况，资源诅咒却是此类地区并不愿意陷入的困境，而对于资源诅咒传导机制的分析正是为了帮助此类地区明确资源诅咒产生的原因进而规避资源诅咒。目前关于资源诅咒传导机制的研究主要集中在荷兰病效应（Corden 和 Neary，1982）、挤出效应、中心—外围论（Singer，1950）、制度弱化效应（Mehlum 等，2006）等，此外，资源类型论（Murshed）、飞地效应（赵伟伟、白永秀，2010）等都可以解释资源诅咒产生的原因，但是资源诅咒是多个复杂的原因造成的，上述传导机制依旧没能完全解释资源诅咒。因此对资源诅咒及其传导机制的再研究，仍然具有重要的理论意义。

2. 现实背景：资源依赖地区产业结构转型和绿色增长都面临严重问题

我国自然资源储量丰富，资源型城市众多。2013 年国务院出台了《全国资源型城市可持续发展规划（2013—2020 年）》[①] 来规范和指导资源型城市的转型发展。规划范围涉及我国 262 个资源型城市，其中地级行政区（包括地级市、地区、自治州、盟等）126 个，占同年全国地级行政区的 37.8%[②]；县级市 62 个，县（包括自治县、林区等）58 个，市辖区（开发区、管理区）16 个。资源型城市在我国城市体系中占据不小的分量，特别是矿产资源型城市占据了绝大部分[③]。

从资源型城市的分布来看，西部地区有 102 个资源型城市，占全部资源型城市的 38.9%；中部地区有 74 个资源型城市，占全部资源型城市的 28.2%；东北地区有 37 个资源型城市，占全部资源型城市的 14.1%；东部其他地区有 49 个资源型城市，占全部资源型城市的 18.7%。足见我国自然资源分布不均衡，资源型城市集中于中西部和东北地区。

资源型城市在我国经济建设和发展中做出了重要的贡献，“西电东送”“西气东输”等工程将西部资源地区的资源供应到我国东部地区，为工业化进程的快速推进提供重要的物质基础。但是粗放的开发方式为资源地区带来巨大的隐患，资源型城市面临如下问题。

---

① 国务院．全国资源型城市可持续发展规划（2013—2020 年）[EB/OL].（2013－11－12）[2020－06－01]. http：//www. gov. cn/zwgk/2013－12/03/content_2540070. htm.

② 数据来源于《中国统计年鉴 2014》，2013 年中国地级行政区划数为 333 个。

③《全国资源型城市可持续发展规划（2013—2020 年）》中界定的资源型城市中的资源包括矿产和森林等自然资源，但是本书研究的资源诅咒理论主要集中于对不可再生的矿产能源资源与经济增长之间关系的讨论，因此本书所指的资源型城市为矿产资源型城市，为了便于分析，后文中仍采用资源型城市来表述。对于吉林市、白山市、黑河市、伊春市、牡丹江市、大兴安岭地区、丽江市这七个森林工业城市，选择采矿业从业人员占总从业人员的比重对其矿产资源的依赖度进行分析，决定其属于资源型城市还是非资源型城市。

（1）产业结构单一化，转型升级困难。

资源依赖地区的主要特征是经济增长高度依赖于资源产业，产业结构单一化、重型化、固化（马腾、张伟，2011），资源产业与其他产业之间关联程度偏低（蔡飞，2014）；接续产业、替代产业培养不足且发展严重缓慢，使得地区产业结构转型升级异常困难。以陕西、山西、辽宁这三个地区 2003—2016 年的平均产业情况为例，其第二产业占 GDP（国内生产总值）的比重均在 50% 左右，重工业占工业的比重更是在 80% 左右，具体情况如图 1－1 所示。

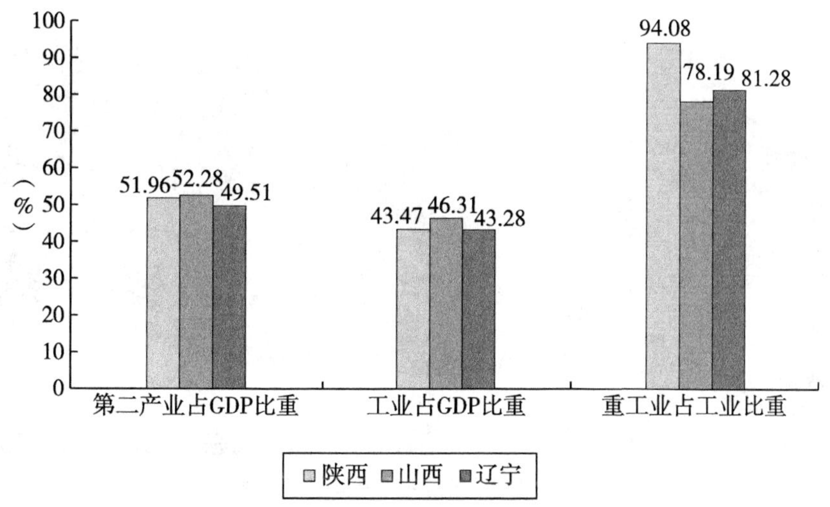

图 1－1　2003—2016 年陕西、山西、辽宁地区的平均产业情况

注：数据来源于 2004—2017 年《陕西统计年鉴》《山西统计年鉴》及《辽宁统计年鉴》。

资源依赖地区不合理的产业结构拖累了经济增长，加之没有审时度势加紧产业结构的转型升级，这些地区经济增长缓慢。如东北个别城市在资源枯竭后，没能及时培育新的接续和替代产业，再加上原本技术落后、人才外流，经济转型困难，甚至出现断崖式的下滑；再如山西部分地区过度依赖煤炭开发，但是开采过程过于粗放，地区经济脆弱，难以承受关停产能落后的煤炭企业带来的“阵痛”，整个地区经济发展缓慢。由此可见，资源依赖地区产业结构转型迫在眉睫，但是资源依赖地区产业结构转型升级仍然任重道远。对地区资源开发、产业结构、经济增长问题进行研究，对于我国资源依赖地区早日实现产业结构转型升级、跨越资源诅咒陷阱、实现经济高质量发展具有重要的现实意义。

（2）资源依赖地区面临更严峻的资源环境问题。

资源的无序开发对于生态环境造成的破坏非常显著。矿产资源开发容易给矿区水资源、土地资源等带来污染，地表植被破坏、矿渣堆放，不仅会引起自然地貌的改变，造成耕地减少，对当地生态环境造成不可逆的影响，更会影响其他产业的发展，如农业发展离不开良好的土地资源、水资源，旅游业的发展离不开良好的生态环境资源等。图 1－2 为阜新市海州露天煤矿矿坑[①]，矿坑周边寸草不生，矿渣毫无保护就堆放。

图 1－2　阜新市海州露天煤矿矿坑

不仅如此，资源依赖地区面临的资源浪费和环境污染问题要比非资源依赖地区更为严重，笔者选取了五个典型的资源型城市，七台河市、淮北市、克拉玛依市、阳泉市、晋城市，五个经济发展水平极高的城市，北京市、上海市、广州市、深圳市、杭州市，对比其电力消耗强度[②]年均增长率以及工业废水、工业二氧化硫、工业粉尘三种污染物排放强度[③]的年均增长率（见图 1－3）。从图 1－3 可见，资源型城市中仅有淮北市和阳泉市年均电力消耗强度略有减少，其余三个资源型城市均出现大幅度增加；而五个资源型城市三种污染物

---

① 方立新，王振宏，黄海波．在“资源枯竭”城市阜新感应转型振兴脉动［EB/OL］.（2016－12－30）［2020－06－01］. http：//www. xinhuanet. com/mrdx/2016－12/30/c_135943265. htm.

② 之所以对比电力消耗强度而非能源消耗强度，是因为地级市层面缺乏能源消费的统计数据。电力消耗强度为电力消耗量与实际 GDP 的比值。

③ 三种污染物排放强度分别为工业废水排放量、工业二氧化硫排放量、工业粉尘排放量与实际 GDP 的比值。

年均排放强度的下降速度相比“北上广深杭”均较为缓慢。不仅如此，在全国大气重点防治城市中，资源型城市占比将近40%。以山西、陕西省为例，作为中国的“煤都”，山西省大同市是极具代表性的资源型城市，也是全国大气重点防治城市中污染极为严重的城市之一；陕西省六个全国大气污染防治城市中有五个属于资源型城市①。

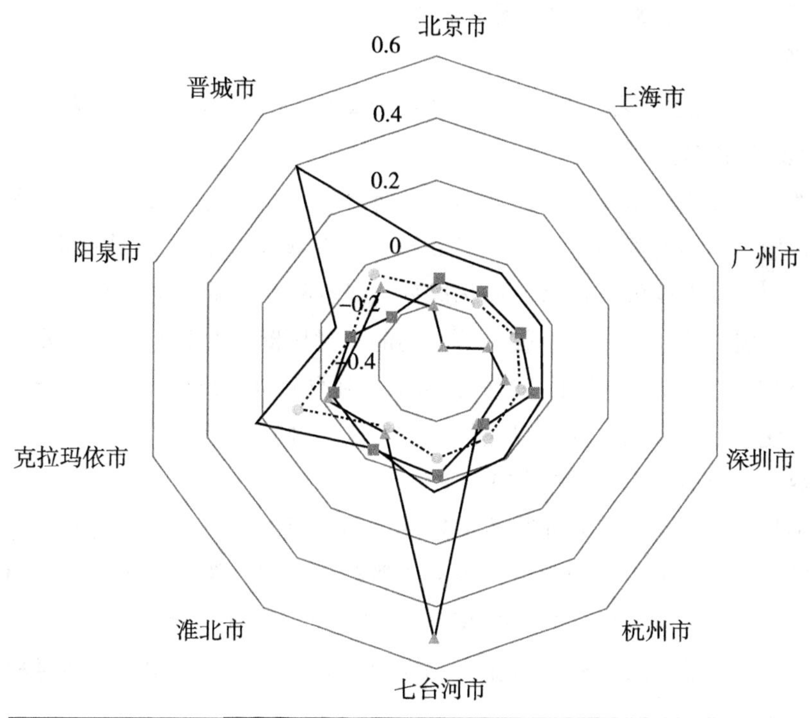

图1-3 资源型城市与经济发展城市能源强度及污染物排放强度年均增长率

注：数据来源于《中国城市统计年鉴》。

由此可见，资源型城市在能源消耗与环境保护方面面临的压力极大，在对资源诅咒的分析中也要充分考虑资源开发对能源环境的影响，特别是在我国经济高质量发展阶段，对资源诅咒问题进行分析时更要注重对绿色经济增长的分析。

① 根据全国大气污染防治城市名单与《全国资源型城市可持续发展规划（2013—2020年）》中公布的资源型城市的名单，进行统计和计算。

1.1.2 研究意义

从绿色经济增长视角对资源诅咒问题进行研究，及将产业结构纳入资源诅咒传导机制进行研究，不仅能够对资源诅咒以及传导机制的相关理论进行补充，同时能为资源依赖地区实现产业结构转型升级、促进经济可持续发展提供现实指导，具有鲜明的理论意义和现实意义。

1. 理论意义

（1）理顺自然资源度与绿色经济增长的关系，对于丰富高质量发展视角的资源诅咒理论有重要意义。

自然资源在经济增长中所起的作用一直是学术界研究的重点。从古典经济学派开始，早期的经济学家逐渐认识到自然资源对经济增长的促进作用，良好的资源禀赋不仅可以带动工业化进程，促进初始产业布局的形成以及经济的飞速发展，其所带来的比较优势，还能通过国际贸易积累大量财富。但20世纪60年代以来，资源丰裕型国家衰落，其自然资源反而严重拖累地区经济增长，使地区经济陷入资源诅咒的困境。这两种互相矛盾的理论一直困扰着学术界，到目前为止，仍然未有定论。

本书从广义的资源诅咒即高质量发展视角着手，对资源依赖度与绿色经济增长的关系进行了进一步验证，将资源消耗与环境污染考虑到对资源诅咒的研究中，对于丰富高质量发展视角下的资源诅咒理论有着助力作用。

（2）对资源诅咒成因进行理论上的探讨，有助于丰富资源诅咒传导机制的相关理论研究。

尽管学界已经总结出一系列的传导机制来解释资源诅咒产生的原因，但是资源诅咒的成因复杂多样，由于地区差异、时间更替等，对资源诅咒传导机制的深入研究仍然很有必要。本书在总结前人研究的基础上，将产业结构这一因素纳入资源诅咒的传导机制中，对于丰富资源诅咒传导机制的理论有重要意义。

2. 现实意义

（1）为资源型城市的产业转型提供更多的政策建议，帮助其走出资源诅咒的陷阱，实现绿色增长。

根据相关文件，我国有262座资源型城市，遍布各个区域，就其发展程度来讲，有成长型，有发展成熟型，有衰退型，还有已经摆脱自然资源依赖的再生型。总结这些资源型城市的产业状况，发现资源产业都曾一度是或者正是当地的主导产业，生产方式粗放化、产业结构单一化的现象较为普遍，地区经济可持续发展程度低，特别是西部的资源型城市更是工业基础薄弱，更多是单纯依靠资源开采来维系地区经济增长。面对资源枯竭和环境恶化等现实情况，如何进行产业转型来实现地区经济的绿色增长？其产业转型的方向是什么？此类问题都亟待研究。

对于资源诅咒问题的再研究不仅能够为我国资源枯竭型城市提供产业转型升级的思路，帮助其早日走出资源诅咒的困境，而且能为正在成长中的资源型城市提供新的发展模式，帮助其在充分发挥自然资源对经济增长的作用的基础上，避免走上资源诅咒的老路。

（2）有助于资源型城市探索经济高质量发展的新模式。

究其本质，资源诅咒就是粗放的经济增长方式带来的恶果。经济层面上增长乏力、产业单一、地区竞争能力弱化；社会层面上矿工收入低，职业病频发等；资源环境层面上出现资源枯竭、浪费式开采、环境破坏等。这些都严重背离了可持续发展和高质量发展的要求。本书将对资源诅咒的研究扩展到绿色视角，有助于探索可持续发展和高质量发展要求下的新型经济发展模式。

1.2 研究内容及方法

1.2.1 研究内容

本书的研究内容具体包括以下几个部分。

第一章，导论。主要介绍了文章的研究背景及意义、研究内容及方法、主要创新点及不足之处。

第二章，相关理论及文献综述。这一章首先对本书研究所涉及的重点理论——资源诅咒理论、产业结构理论和经济增长理论进行了简单的阐释，为后文的分析提供理论上的指导。然后从资源诅咒存在性和资源诅咒传导机制两个方面对国内外学者的研究进行梳理和分析，发现了两个有待于进一步研究的问题：一是资源诅咒存在性颇有争议，仍有待深化；二是资源诅咒传导机制分析中忽略了产业结构这一因素，需要补充。再进一步通过对自然资源与产业结构、产业结构与绿色经济增长关系的相关文献进行分析，归纳出上述问题研究的切入点：将绿色经济增长纳入地级市层面的资源诅咒再研究、将产业结构纳入资源诅咒传导机制的分析中。这就导出了后文的研究。

第三章，中国绿色经济增长、产业结构与资源禀赋现状及测算。首先，分析了我国绿色经济增长、产业结构和资源禀赋的发展现状，分别采用 DEA-Malmquist 指数法测算出 285 个地级市及以上城市的绿色经济增长水平，结果如下。从时间演变来看，2004—2016 年我国地级市绿色经济增长总体上呈现出增长趋势，且资源型城市和非资源型城市之间的差距逐渐缩小；从周期波动来看，我国绿色经济增长呈现出明显的 4—5 年的周期波动现象。其次，从产业结构合理化、产业结构高级化、产业结构转型升级三个维度对我国 285 个地级及以上城市的产业结构水平进行了测算，结果如下：第一，从产业结构高级化和产业结构合理化的平均水平来看，我国产业结构合理化水平变化比较平稳，而 2013—2016 年产业结构高级化的增长速度比较快，我国基本完成产业结构合理化建设，逐步由产业结构合理化阶段向产业结构高级化阶段转变；第二，我国产业结构转型升级存在显著的地域差异。最后，对我国地级市层面的资源依赖度进行了分析，结果如下。从空间分布来看，资源依赖的总体分布格局并没有发生大的变化，依旧是集中于东北和中西部地区。从时间演变来看，从 2004 年到 2016 年，资源依赖度总体不断减弱。

第四章，资源依赖度与绿色经济增长关系研究——资源诅咒的再度量。现有的关于资源诅咒的研究主要是从经济增长速度角度展开的。为适应资源诅咒概念发展和新时代发展的要求，本章用绿色经济增长代替了经济增长速度，从经济发展质量的角度展开对资源诅咒的再研究。在对资源诅咒再度量的过程中，将空间因素纳入分析中，使用空间杜宾模型对中国 285 个地级及以上城市的资源诅咒进行了详细分析。研究结果显示：从非资源型城市来讲，资源依赖度与绿色经济增长之间呈现出弱的负相关性；从地级市总体层面和资源型城市层面来讲，资源依赖度与绿色经济增长之间存在显著的倒 U 形关系。

第五章，资源依赖度、产业结构与绿色经济增长的中介关系分析。本章的分析以第二章根据文献分析提出的问题为基础，通过中介传导模型分析产业结构的中介作用，主要结论如下。

第一，资源依赖会通过扭曲产业结构的合理化、制约产业结构的高级化，从而影响产业结构的正常演进。在地级市总体层面和资源型城市层面，资源依赖度对产业结构三个维度的影响较为显著，在非资源型城市层面，资源依赖度仅制约产业结构高级化。第二，产业结构通过合理化和高级化的演进提高地区绿色经济增长水平。但是资源依赖地区的产业结构合理化和产业结构转型升级都没有发挥出对绿色经济增长的促进作用。第三，产业结构是资源诅咒的传导机制之一，即产业结构在资源依赖度与绿色经济增长的关系中起部分中介作用。对于资源型城市，产业结构高级化、产业结构转型升级都在资源依赖度与绿色经济增长之间起部分中介作用，其中产业结构高级化的中介作用最强，但是产业结构合理化不是资源型城市资源诅咒的传导机制；而对于非资源型城市，产业结构合理化、产业结构转型升级都在资源依赖度与绿色经济增长之间起部分中介作用，而产业结构高级化不是资源依赖度与绿色经济增长关系的中介变量。

第六章，资源依赖度、产业结构与绿色经济增长的动态关系。资源诅咒是一个动态的过程，天赋资源是在人类活动的作用下，才逐渐演变成为经济发展的阻碍。为了对资源依赖度、产业结构与绿色经济增长之间的动态冲击和反馈机制进行深入研究，本章将面板向量自回归模型引入研究，从地级市总体、资源型城市和非资源型城市三个不同层面展开了研究。本章结论如下。

第一，资源依赖度对产业结构转型升级存在显著的负向影响。这种负向影响在不同资源类型的地区都显著，在动态面板的 GMM 估计中，资源依赖度对产业结构转型升级的影响尽管大小不同，但都显著为负；在脉冲响应分析中，面对来自资源依赖度的冲击，产业结构转型升级呈现出程度持续加深的负向反馈。第二，资源型城市的产业结构转型升级没有发挥出对绿色经济增长的结构红利；地级市总体和非资源型城市产业结构转型升级都对绿色经济增长显示促进作用，但是地级市总体的促进作用要显著小于非资源型城市。总之，我国产业结构转型升级仍然需要进一步推进，以期发挥出对绿色经济增长的结构红利。第三，产业结构转型升级存在较强的自我强化机制。这种自我强化机制在不同资源类型的地区都显著，在动态面板的 GMM 估计中，产业结构转型升级对自身的影响系数均大于 0.9，且在 1% 的水平上比较显著。在脉冲响应分析中，产业结构转型升级面对来自自身的冲击都呈现出持续而稳定的正向反馈。在方差分解中，产业结构转型升级对自身的贡献占据了绝大部分。

第七章，资源诅咒传导机制的验证。本章在构建地级市资源诅咒传导机制的分析框架的基础上，对地级市总体、资源型城市和非资源型城市的资源诅咒挤出效应进行了分析，结果发现：对于地级市总体和资源型城市来说，资源依赖度与绿色经济增长之所以会落入倒 U 形曲线的右侧，即资源诅咒的部分，主要是因为资源依赖度的增加挤出了产业结构、技术创新、对外贸易、制造业水平等，导致这些因素难以发挥出对绿色经济增长的促进作用；对于非资源型城市，资源依赖度与绿色经济增长负相关的成因在于，资源依赖度的增加会挤占产业结构、技术创新等。

同时从三个维度详细研究了资源依赖对产业结构的挤出效应后发现：资源依赖度对产业结构高级化的挤出作用最强，在资源型和非资源型城市同时存在，而且资源型城市的资源依赖度对产业结构高级化的挤出效应也明显强于非资源型城市；随着时间的推移，资源依赖度对产业结构转型升级和产业结构合理化的挤出效应逐渐减弱，但是对产业结构高级化的挤出效应越来越强。

在此基础上，通过引入门槛模型，对地级市总体和资源型城市的资源依赖度与绿色经济增长的倒 U 形关系的成因进行了分析，结果发现：地级市总体的高自然资源依赖度通过挤出产业结构等，使得产业结构等长期低于门槛值，使得绿色经济增长陷入资源诅咒，但是一旦地区的产业结构等超越了门槛，绿色经济增长随之进入资源祝福的区域，从而使得资源依赖度与绿色经济增长呈现出倒 U 形关系；资源型城市的高资源依赖度则会通过挤出产业结构、技术创新等使得经济增长陷入资源诅咒的困境，但是一旦资源型城市的产业结构、技术创新等超越了门槛值，则会将资源依赖度与绿色经济增长的关系重新拉回资源祝福的阶段，形成倒 U 形的关系。

第八章，国外不同类型资源地区产业发展的经验与启示。本章根据《全国资源型城市可持续发展规划（2013—2020 年）》对于资源型城市类型的划分，选取了国外资源开发初期、资源繁荣中期、资源衰退后期三种不同资源开发时期的代表性地区，分别对应成长型城市、成熟型城市和衰退型城市，对其在开发自然资源中的产业转型升级的措施和保障机制进行了分析和总结。研究发现，这三个地区存在共同的经验。第一，发挥政府综合引导的作用，实施可行的产业政策。第二，根据自身情况，适时选择适合本地区的发展模式。第三，积极利用大数据等信息技术，促进资源产业链的延伸。第四，注重人力资本积累，提升人力资本创新性。

第九章，破解资源诅咒困境，促进产业转型升级的措施。结合前文的实证分析以及案例分析，本章从以下三个方面给出了破解资源诅咒困境，促进产业转型升级的措施。第一，发挥政府效能，改善制度环境。第二，塑造新的竞争优势，推进资源依赖地区产业结构转型升级。第三，积极抓住新机遇，努力塑造地区良好的软环境。

1.2.2 研究方法

本书的研究方法主要有文献归纳法、实证分析法、对比分析法、案例分析法。

1. 文献归纳法

本书通过对国内外有关资源诅咒及其传导机制的文献进行梳理整合，明确理论发展的整体脉络，有助于全面把握当前学界关于资源诅咒的研究。再通过对自然资源与产业结构、产业结构与绿色经济增长关系的文献进行分析，明确目前研究的不足，并确定了深入研究的切入点——资源诅咒的新视角和资源诅咒新传导机制的引入。总之，文献分析为研究奠定了坚实的理论基础，确定了研究方向。

2. 实证分析法

为了对研究内容进行细致的研究，笔者先后采用了多种实证分析法。第一，空间杜宾模型（SDM），对于地级市资源诅咒的分析大多忽略了区域空间因素的作用，本书在对资源诅咒的再度量即资源依赖度与绿色经济增长的关系检验的过程中，将空间因素引入了对资源诅咒的分析中。第二，中介传导模型，通过引入中介传导模型对资源依赖度、产业结构与绿色经济增长的关系进行分析，验证了产业结构是资源诅咒传导机制之一。第三，面板向量自回归模型，面板向量自回归模型的引入被用来分析资源依赖度、产业结构与绿色经济增长之间的交互冲击和反馈作用，从动态的角度分析了三者之间的关系。第四，面板门槛回归模型，为了准确识别地级市资源诅咒的潜在传导变量，采用了面板门槛回归模型进行验证，确定了产业结构、技术创新等因素在资源依赖度与绿色经济增长关系中的作用以及其确定的值，对于资源型城市明确资源诅咒产生的临界点，将自然资源优势控制在资源祝福的阶段有重要的指导作用。

3. 对比分析法

对比分析法贯穿研究过程中。从对285个地级及以上城市的绿色经济增长、产业结构以及资源依赖度等变量进行测算结果分析时，就按照资源型城市和非资源型城市进行了划分，将对比分析法贯穿其中。在之后的实证分析中，都将非资源型城市作为对照组与资源型城市的实证结果进行对比。在第八章中，也对资源开发初期、资源繁荣中期、资源衰退后期这三种不同的类型资源地区的经验进行了对比分析。

4. 案例分析法

在第八章中，为了给成长型城市、成熟型城市、衰退型城市找出适合本地区产业转型升级的经验，采用了案例分析法，简要分析了挪威关联产业多元化的方向和保障机制，迪拜服务业多元化的方向及保障机制，鲁尔区传统产业新兴化的方向以及保障机制。力图从这几个地区的经验中得出适合不同资源开发阶段的城市在产业转型升级、破解资源诅咒方面的相应启示。

1.2.3 技术路线图

本书的技术路线如图1-4所示，从图中可知，笔者首先通过对资源诅咒存在性以及资源诅咒传导机制的相关文献进行梳理和总结，提出本书的研究内容，从绿色经济增长视角对地级市资源诅咒存在性再检验；将产业结构因素纳入资源诅咒传导机制的分析中。其次分别通过空间杜宾模型、中介传导模型和面板向量自回归模型对上述内容展开实证研究。最后借鉴国外资源依赖地区产业转型升级的经验，对我国资源型城市破解资源诅咒困境，实现产业转型升级提供了相应的建议。符合提出问题、分析问题和解决问题的研究思路。

1.3 主要创新点及不足之处

1.3.1 主要创新点

本书的主要创新点如下。

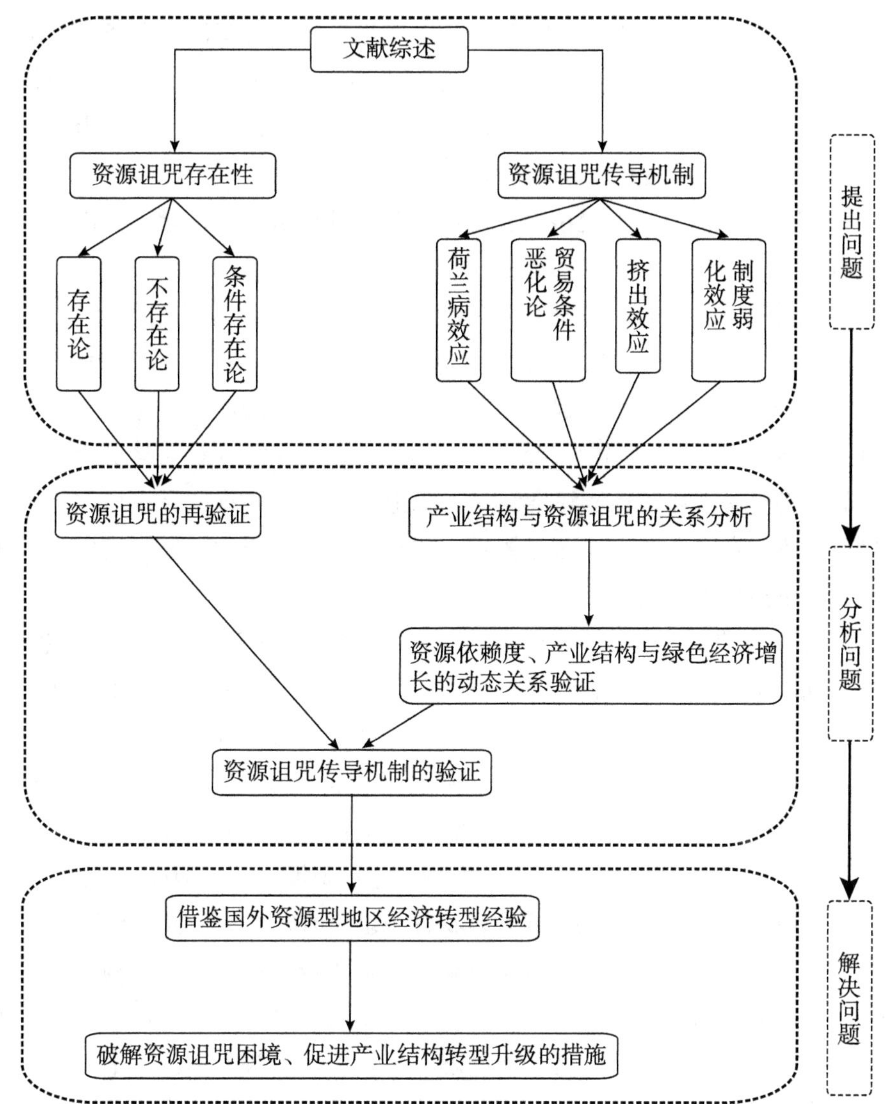

图1-4 技术路线

1. 将产业结构引入资源诅咒传导机制的研究

以往关于资源诅咒传导机制的研究要么直接将产业结构作为资源诅咒的逻辑分析起点，要么直接忽略产业结构的影响。本书通过分析自然资源与产业结构的关系以及产业结构对经济增长的作用，明确地将产业结构引入资源诅咒传导机制的研究，利用中介传导模型验证了产业结构合理化、产业结构高级化以及产业结构转型升级在资源依赖度与绿色经济增长之间所起的作用，证明了产业结构确实是资源诅咒的传导机制之一，即资源依赖会通过影响地区产业结构合理化和产业结构高级化等，进而对地区的经济增长产生影响。这一研究从理论上丰富了对资源诅咒传导机制的研究，也在实践上为资源依赖地区破解资源诅咒提供了新的思路。

2. 将资源诅咒研究从经济增长速度层面提升到绿色经济增长的高质量发展层面

考虑到资源诅咒的现有研究多集中于传统意义上的经济增长速度层面，并不符合新时代经济高质量发展的要求，也没有适应资源诅咒概念的新发展①，本书将资源诅咒研究提升到绿色经济增长的高质量发展层面，采用DEA-Malmquist 指数法对中国 285 个地级及以上城市的绿色经济增长水平进行了测算，将资源消耗和环境污染纳入资源诅咒分析，并将这一理念贯穿于研究脉络，体现在中介关系、动态关系及传导机制的分析中。这不仅提升了研究层次，也拓展了研究领域。

3. 引入了空间计量模型来研究地级市经济高质量发展视角下的资源诅咒

长期以来，资源诅咒的研究对于空间因素的重视不够，仅有少量文献在省级层面纳入了空间因素进行分析。从现实情况来看，自然资源的空间集聚不仅能产生集聚效应，还可能产生拥塞效应，基于此，本书构建了空间杜宾模型，将空间因素引入了对 285 个地级及以上城市的资源诅咒的分析中，以便用更科学的研究方法来对高质量发展视角下的资源诅咒问题进行分析。

4. 构建了面板向量自回归模型，将资源诅咒的研究从静态扩展到动态

本书采用了面板向量自回归模型来研究资源依赖度、产业结构与绿色经济增长三者之间的动态关系，将资源诅咒的研究从静态扩展到动态。以往关于资源诅咒的分析基本上都是基于静态面板数据模型展开的。本书则另辟蹊径，将面板向量自回归模型引入资源诅咒的分析中，通过对资源依赖度、产业结构以及绿色经济增长的动态面板 GMM 估计、脉冲响应分析（IRF）以及预测误差的方差分解（FEVD），对三者之间的相互冲击和反馈情况进行了动态视角的验证，弥补了资源诅咒动态研究的不足。

---

① 随着时间的推移，资源诅咒理论内涵在不断扩展，从最初的集中于经济增长视角，逐步向社会发展视角转移。

1.3.2　不足之处

本书不足之处如下。

第一，研究数据时间跨度仍需扩展。鉴于地级市环境指标获取难度较大，本书研究数据的时间范围为2004—2016年，但是资源诅咒现象有可能在短时间内并不显著，比如德国鲁尔区，作为世界著名的工业区，前后经历过一个世纪的繁荣，才逐渐陷入资源诅咒的困境。“试玉要烧三日满，辨材须待七年期”，只有继续对本研究进行追踪，以更加准确完整的数据进行研究，才能提高模型对现实的解释能力。

第二，制度不仅直接影响经济发展，而且是其他促进经济增长的措施得以顺利实施的保证，但是目前国内还没有被学界普遍接受的度量制度因素的变量，这既是本书的主要不足之处，也是笔者今后必须努力来完善的一大内容。

第二章　相关理论及文献综述

2.1　相关理论阐释

2.1.1　资源诅咒理论

1. 资源诅咒正式概念产生前自然资源与经济增长的相关理论

资源诅咒理论的产生与经济学家探讨自然资源对经济增长作用的研究演变息息相关。

早在20世纪50年代，学者们虽然还没有正式提出资源诅咒的概念，但是以劳尔·普雷维什（Raúl Prebisch）和辛格（Singer）为代表的经济学家开始注意到，自然资源丰裕的国家的经济绩效并没有随着自然资源的开发得到相应增长，并从国际贸易视角对这一问题进行解释。他们按照比较优势理论①划分的传统国际分工格局，将世界各国划分为两部分：一部分为“大的工业中心”，基本上被发达国家所占据；另一部分则是为“大的工业中心”提供粮食和原材料的“外围”。在这种“中心—外围”的关系中，按照比较优势理论形成的“工业品”与“初级产品”之间的分工并没有带来互利，恰恰相反，生产和出口初级产品的发展中国家（“外围”国家）的贸易条件不断恶化，其不得不通过出口更多的初级产品来换回等量的工业品，自由贸易带来的利益被发达国家所占有②。

到20世纪60年代，荷兰发现大量石油和天然气，石油和天然气行业迅

---

① 比较优势理论由大卫·李嘉图提出，他认为国家贸易的展开要按照“两害相权取其轻，两利相权取其重”的原则，发挥自身的比较优势。

② 这一理论被称为贸易条件恶化论，阿根廷经济学家劳尔·普雷维什1949年向联合国拉丁美洲和加勒比经济委员会提交的报告《拉丁美洲的经济发展及其主要问题》对此进行了系统的阐述，之后又经过了索洛和辛格的完善，所以其也被称为“普雷维什—辛格假说”。

速发展，相应的产品出口剧增，导致荷兰货币升值，国际收支出现顺差，荷兰经济一度飞速增长。可是，随着石油、天然气行业的过度发展，荷兰的农业、制造业以及其他工业部门的发展受到了严重限制，国际竞争力大大削弱。此后，荷兰出现通货膨胀、制成品出口下降、收入增长率降低、失业率剧增，经济一度陷入危机。这一类现象出现在世界各地的多个国家，包括但不限于委内瑞拉玻利瓦尔共和国（石油）、安哥拉共和国（钻石、石油）、刚果共和国（钻石）。1977 年英国《经济学人》杂志中首次使用“the Dutch disease”一词来描述荷兰病效应。荷兰病的经典经济模型是由经济学家科登（Corden）和尼瑞（Neary）构建的。该模型包括一个非贸易部门（服务业部门）和两个可贸易部门（可贸易的制造业部门以及可贸易的资源部门），其中可贸易的资源部门通常开采石油、天然气、黄金等自然资源。假设一国经济处于充分就业的状态，当某种自然资源价格突然上涨，会产生资源转移效应和支出效应两种效应。资源转移效应表现为资源出口加大了对劳动力和资本的需求，导致生产重点从制造业等部门转向蓬勃发展的资源部门，劳动力等生产要素也随之发生转移，可贸易的制造业部门吸引劳动力和资本的代价更大，导致制造业的竞争力减弱，同时因为自然资源出口带来的收入增加，货币升值，更加削弱了制造业的竞争力。资源出口增加带来收入的增加，还会产生支出效应。资源出口带来的收入增加会带动对制造业部门和非贸易部门（服务业）产品的需求增长，导致制造业部门和非贸易部门产品的价格上涨，这时候对制造业产品的需求会通过进口价格相对更便宜的外国同类产品来满足，使得本国制造业遭受更大的灾难。

2. 资源诅咒概念的产生及其发展

1993 年，Auty 在对矿产国经济发展问题进行研究时，第一次提出了资源诅咒（Resource Curse）这个概念，并将其定义为：丰裕的资源对一些国家的经济增长来说并不是充分的有利条件，反而是一种限制，自然资源丰裕的国家反而比自然资源相对贫乏的国家经济增长得更慢。这正式拉开了资源诅咒理论研究的序幕。

（1）经济增长视角下的资源诅咒。

延续 Auty 对资源诅咒的定义，Sachs 和 Warner（2001）认为丰富的资源往往和经济发展缓慢息息相关，这就是资源诅咒。徐康宁、王剑认为资源诅咒是自然资源对经济增长产生了限制作用，资源丰裕的经济体的发展速度往往慢于资源贫乏的经济体。丁菊红、邓可斌（2007）认为资源诅咒就是“丰富的自然资源限制了经济的进步”。邵帅、杨莉莉（2010）对资源诅咒这一概念做出了新的解释：自然资源诅咒根植于一国或地区的经济对资源产业的过度依赖之中，进而严重拖累地区长期的经济增长。

（2）社会发展视角下的资源诅咒。

随着研究的不断拓展，资源诅咒的内涵逐渐从传统的经济增长视角向社会发展视角转变，不仅包括自然资源开发对地区经济增长的负面影响，而且包括由自然资源开采所引起的一系列的社会问题（赵伟伟、白永秀，2009）。

Coxhead 从发展经济学的角度来定义资源诅咒，即资源地区因为无法对自然资源进行有效利用而产生的低效率发展或者是倒退。赵奉军（2006）认为资源诅咒就是丰裕的自然资源会造成两极化收入分配、生态环境恶化等一系列不利于经济增长和社会进步的现象。齐义军（2012）则将可持续发展引入资源诅咒的概念，提出它是指对资源丰裕国家或地区资源的开发没有带来本国或本地区的可持续发展，而是使其从总体上陷入了不可持续发展状态。梅冠群（2013）将资源诅咒定义为对自然资源的开发或者资源产业的发展对经济增长及社会健康发展产生了严重的负面影响。

综合以上关于资源诅咒概念的内容，可知资源诅咒的概念经历了由经济增长速度视角向社会发展视角的转变，不再仅仅关注自然资源对经济增长速度的影响，而是将自然资源对地区生态环境、社会发展的负面影响考虑在内，这是理论的一大进步和完善。我国已由高速增长阶段转向高质量发展阶段，正处在转变经济发展方式、优化经济结构、转换增长动力的攻关期①，对资源诅咒的研究也要与时俱进，因此本书将资源诅咒定义为：一个地区主要从事资源开采及加工产业或者地区的产业发展过分依赖资源产业的发展，从而对本地经济的高质量发展产生不利影响的经济现象。

3. 资源诅咒理论的研究重点

关于资源诅咒理论的研究主要集中在两个方面。

（1）资源诅咒存在性的研究。

虽然资源诅咒的概念被提出已久，但是其存在与否一直备受争议。而且

① 习近平．决胜全面建成小康社会 夺取新时代中国特色社会主义伟大胜利——在中国共产党第十九次全国代表大会上的报告［EB/OL］．(2017-10-18)［2020-06-06］．http：//www.xinhuanet.com/2017-10/27/c_1121867529.htm.

随着时间的推移，学者们将资源诅咒的范畴进行了进一步扩大，资源诅咒的概念不再局限于经济领域。采用合理的衡量指标和度量方法对资源诅咒进行进一步的研究，对于完善资源诅咒理论仍有重要的意义。

（2）资源诅咒传导机制的研究。

关于资源诅咒传导机制的研究也就是探寻资源诅咒产生的原因，尽管学界对于资源诅咒成因的解释呈现多样化，但是均可以概括为丰裕的自然资源通过某种机制抑制了其他对经济增长有贡献性的要素或经济活动的产生。目前已有的资源诅咒传导机制包括基于国际贸易角度提出的贸易条件恶化论（Prebisch）或中心—外围论（Singer）；基于资源转移角度提出的荷兰病效应（Corden 和 Neary）；基于经济增长驱动要素角度提出的挤出效应，包括对人力资本（Gylfason，2001）、技术创新（Sachs 和 Warner，2001）等要素的挤出；基于制度角度提出的制度弱化效应。

2.1.2　产业结构理论

17 世纪英国经济学家威廉·配第（William Petty）开始系统性对产业结构进行研究，他通过对世界部分国家国民收入与经济发展阶段的研究，将造成各国国民收入差异的原因归结为各国产业结构的差异。自此学界开启了对产业结构理论的深入研究，目前具有代表性的产业结构理论如下。

1. 配第—克拉克定理

17 世纪 60 年代开始，英国经济学家威廉·配第对本国的经济数据进行了研究，结果发现从事航海事业的海员要比从事农业的农民收入高出几倍，这让配第认识到不同产业之间巨大的收入差距。比起农业来，工业的收入更多，而商业的收入又比工业更多，这种不同产业之间巨大的收入差异必然会导致劳动力从收入低的产业逐步向收入高的产业流动。这一结论被英国经济学家克林·克拉克概括为配第定理。

在配第定理的基础上，克拉克对若干国家劳动力在产业之间转移的数据进行了整理和分析，进而发现了劳动力在产业之间的转移规律。随着经济发展水平的提高，原先大量集聚在第一产业中的劳动力会逐步转入第二产业之中，这种转移促进经济发展水平的进一步提升。而随着经济发展水平的提高，劳动力又会进一步从第二产业流向第三产业，最终逐步形成第一产业劳动力减少，第二产业和第三产业劳动力增加的产业分布格局。这一结论就是克拉克定理。因为这一定理是在配第定理基础上发展形成的，而且其结论包含了配第定理的观点，因此被人们合称为配第—克拉克定理。

2. 库兹涅茨产业结构变动理论

在配第、克拉克等人研究的基础上，美国经济学家西蒙·库兹涅茨（Simon Kuznets）进一步研究了产业结构理论，他认为如果不去理解和衡量生产结构的变化，是难以理解经济增长的。为了更加深入分析国民收入与产业结构之间的关系，库兹涅茨依据三次产业对资源依赖程度和需求种类的差异，使用农业部门、工业部门和服务业部门来代替三次产业进行分析，并将研究从劳动力投入结构扩展到了国民收入的产出结构上，得出在国民收入不断增加的基础上，产业结构最终会演变为“三二一”的产业格局的结论。

第一，农业部门产值占国民收入的相对比重、农业劳动力占总劳动力的相对比重均呈现出下降的趋势，而且农业部门产值相对比重的下降更大。农业部门的生产效率低于工业和服务业部门，在产业结构中的地位下降。

第二，工业部门产值占国民收入的相对比重、工业部门劳动力占总劳动力的相对比重均呈现出上升的趋势，但是工业部门产值的相对比重上升速度远高于其劳动力相对比重的上升速度。

第三，服务业部门产值占国民收入的相对比重、服务业部门劳动力占总劳动力的相对比重也呈现不断上升的趋势，但与工业部门不同的是，服务业部门劳动力相对比重的提升速度要高于服务业部门产值的提升速度。

3. 罗斯托的主导产业理论

不同于以上关于产业结构变动理论的分析，罗斯托（Rostow）的主导产业理论是围绕着产业结构变动对经济增长的推动作用展开分析的。他认为不论经济增长处于什么时期，都是主导产业的迅速扩大促进了经济的持续发展，主导产业通过扩散效应，包括回顾效应、旁侧效应和前向效应带动了其他产业的发展。此外，罗斯托提出了经济成长阶段论，根据科学技术和生产力发展水平的不同程度，他将经济成长的过程划分为传统社会阶段、为“起飞”创造前提的阶段、“起飞”阶段、向成熟挺进阶段、高额大众消费阶段和追求生活质量阶段①六个阶段（见图2-1）。他认为不同阶段演进依靠的是主导产

① 最早罗斯托将经济成长的过程划分为五个阶段，后来又在《政治和成长阶段》一书中增加了追求生活质量阶段。

业的更替，主导产业更替的过程为经济发展提供了动力保障。

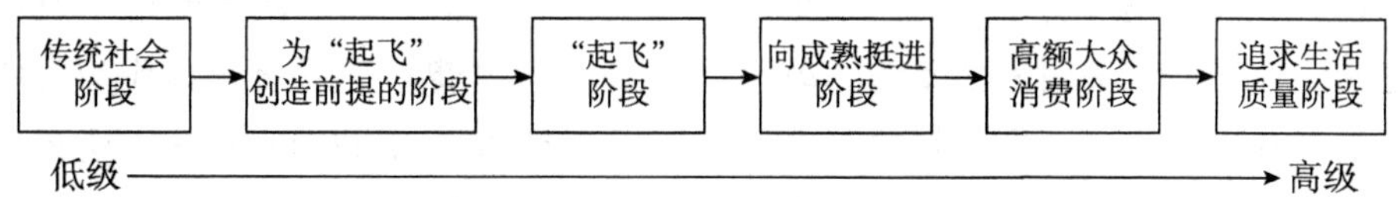

图 2－1　罗斯托经济成长的六个阶段

4.“标准结构”理论

美国经济学家钱纳里（Chenery）借鉴了库兹涅茨的统计归纳方法，使用发展中国家和地区 1960—1980 年的数据，计算出在不同收入水平上各产业比重的分布状况，构造了反映结构转换的主要变量的“发展模式”，以期对经济总量增长与结构变动的关系进行深入分析。之后他又从“发展模式”中推导出经济发展不同阶段相对应的经济结构的标准值，其被称为“钱纳里标准”。他认为在经济发展的不同阶段，与之对应的经济结构有不同的数值。例如，从就业情况来看，当人均国民收入为 400 美元时，对应的农业份额为 43. 8%，工业份额为 23. 5%，服务业份额为 32. 7%。随着经济发展水平的提高，经济结构也会呈现出相应的变化。比如，当人均国民收入增长到 1000 美元时，农业、工业和服务业的就业份额分别变为 25. 2%、32. 5% 和 42. 3%。这一理论奠定了产业结构演变规律的基础，不仅为各个国家进行自身产业结构变动趋势的考察提供了依据，而且为不同国家制定不同的产业结构转换政策，以便实现经济发展目标提供了参考。

2. 1. 3　经济增长理论

在探寻推动经济增长的源泉方面，经济学家们展开了一系列的研究，相关的理论也在不断完善和发展中。

1. 古典经济学相关经济理论

古典经济学派的发展为经济增长理论的发展奠定了基础。亚当·斯密（Adam Smith）认为虽然增加生产性劳动的数量和提高劳动的效率都能促进国民财富的增加，但是在这两种途径中，提高劳动效率的促进作用更显著，分工程度和资本积累的数量能有限提高劳动效率，推动国民财富增长的基本动因在于分工协作和资本积累。他认为，自然资源和技术条件的限制会影响封闭社会国民财富的增加，只有对外贸易才能突破这种限制，在此基础上他提出

了绝对成本理论，认为自然资源的禀赋是分工的基础。威廉·配第（William Petty）则将土地和劳动视为国民财富增长的真正原因，配第认为土地为财富之母，而劳动则为财富之父和能动的要素①，这一论断，正式将土地作为自然资源的代表及国民财富增长的要素。大卫·李嘉图（David Richardo）认为一国的土地数量有限而质量又有差异，因而在边际报酬递减规律的作用下，农业生产的收益是递减的，会限制经济增长，只有通过技术进步和对外贸易才能缓解这种停滞作用。马尔萨斯（Malthus）认为人口增长与产出增长是不同步的。由于可耕地面积有限和边际收益递减的规律，人口增长会超过生产增长，使得以人均产出表示的经济增长受限。

2. 哈罗德—多马模型

在凯恩斯的有效需求不足理论的基础上，哈罗德（Harrod）、多马（Domar）建立了外源性的增长模型——哈罗德—多马模型。这一模型建立在下述基本的假设之上：劳动、资本这两个生产要素不可以互相替代；储蓄率、人口增长率不变；不存在技术进步和资本折旧。此时经济增长率为：

$$G = s/v \tag{2-1}$$

其中 s 为储蓄率，v 是资本与产出比。根据公式（2-1）可知，经济增长率 G 随着储蓄率的提高而提高，随着资本与产出比的提高而降低，这意味经济增长的源泉在于增加储蓄。

3. 索洛—斯旺模型

20 世纪 50 年代，以索洛（Solow）、斯旺（Swan）等为代表的新古典经济学家对哈罗德—多马模型的稳定性产生了质疑，并对其进行了改进，构建了带有外生储蓄率的新古典增长模型——索洛—斯旺模型。索洛—斯旺模型建立在储蓄可以完全转化为投资、生产要素的边际收益递减、生产要素之间具有可替代性的假设之上。新古典增长理论将资本积累的过程视为经济增长的过程，而投资收益率决定了资本积累，即投资收益率决定了经济增长。在规模报酬不变的情况下，资本与劳动比率成为决定人均收入的唯一要素，只有不断提高资本与劳动比率，才能使得人均收入持续增长②。投资的收益率等于资本的边际收益。所以，资本与劳动的比率也是决定资本边际收益的唯一

---

① 出自《赋税论》，这一论述马克思也曾经引用过，后人通常将其简称为“劳动为财富之父，土地为财富之母”。

② 谢玉先．中国信息化与经济增长研究［D］. 长春：吉林大学，2008.

要素，但是由于存在边际报酬递减规律，资本与劳动比率的上升反而会使得资本的边际收益率下降。储蓄率的提高会提升稳态时的人均资本和人均收入水平，因此，新古典经济增长理论认为经济长期增长的源泉在于技术进步的速度而非资本积累和劳动力的增加。

4. 内生增长理论

内生增长理论以罗默和卢卡斯为代表人物，内生增长理论放弃了技术外生化的假定，将技术的内生性凸显出来。罗默构建的模型包括三个基本假设：外溢性、物质产出收益递减和新知识生产收益递增。他认为生产要素应包括四方面：资本、非技术劳动、人力资本和新思想。卢卡斯构建的模型是以物质资本积累和技术变动、人力资本以及专业化人力资本三个模型为依托的。他将人力资本作为一个独立的要素纳入经济增长模型，并使之内生化、具体化为个人的、专业化的人力资本，他认为只有这种特殊的专业化的人力资本的积累才是经济增长的真正源泉。

内生增长理论将知识、人力资本和创新作为经济增长的动力，这些要素可以产生递增收益并产生积极的外部性，通过技术外溢使得其他生产要素的收益也得到增加，进而使总的规模收益递增，成为经济增长持续的、永久的源泉与动力。

5. 增长极限论

增长极限论又称“零增长理论”，最早由梅多斯（Meadows）在《增长的极限》一书中提出，该理论将人口增长、粮食供应、资本投资、环境污染和资源消耗这五个因素视为影响经济增长的主要因素。梅多斯提出，由于世界范围内粮食的短缺、自然资源的不断耗竭和环境污染的加重，世界人口和工业生产能力将会发生突然的崩溃①。虽然这一理论太过悲观，但是指出了自然资源、生态环境对经济增长的制约性，启发了人们在追求经济增长过程中，对人口、资源、环境和生态问题的思考。

6. 绿色增长理论

“绿色经济”一词最早出现在皮尔斯（1989）的《绿色经济蓝皮书》中，其被定义为“一种能够实现可持续发展的经济形势”②。2005 年联合国亚洲及

---

① 梅多斯，等. 增长的极限［M］. 李涛，王智勇，译. 北京：机械工业出版社，2006.

② 有关绿色经济和绿色发展的研究早在 20 世纪中期就已经开展。

太平洋经济社会委员会将保持环境可持续性前提下的经济进步和增长视为绿色经济增长；2011 年 OECD（经济合作与发展组织）认为在促进经济增长和发展的同时，确保自然资产能不断为人类提供必不可少的资源和环境服务就是实现了绿色经济增长；2011 年 UNEP（联合国环境规划署）认为绿色经济增长就是在提高人类福祉和社会公平的同时，显著降低环境风险和生态稀缺性。2012 年中国环境与发展国际合作委员会认为绿色增长是实现可持续发展的关键战略①。总的来看，绿色经济在方方面面似乎同可持续发展所包含的内容接近。

7. 经济增长理论中对自然资源的认识

根据以上关于经济增长理论的分析可知，古典经济学家将经济增长的动因归为资本、技术、土地、分工，虽然没有明确指出自然资源，但是对于以土地为代表的朴素的自然资源的论述，也说明了古典经济学家注意到了自然资源在经济增长中的重要作用。特别是古典贸易理论中，自然资源禀赋的差异成为国际分工的基础，其重要作用不言而喻。总的来看，虽然古典经济学家没有直接分析自然资源与经济增长的关系，但是他们将资源因素包含在土地或自然之中，认识到自然资源对于经济发展的重要作用，并发现资源可能是决定经济发展的一个关键要素，也有可能是影响经济发展的一个重要约束条件。

而内生增长理论逐渐弱化自然资源在经济发展中的作用，相关学者认为自然资源并不是影响经济增长的主要因素，甚至在某些程度上，资本、劳动力和技术等可以替代自然资源的影响。但是他们也并不完全否认自然资源对经济增长的作用，而是在分析中将自然资源作为一种生产成本，而不是经济增长方程中的一个关键变量。他们认为资源能够被资本和劳动所替代，因此资源并非关键性的生产要素，随着技术的发展，资源对于经济发展的边际作用在降低。

增长极限论和绿色增长理论将经济增长中自然资源的稀缺性考虑在内，认为经济增长不能再以资源消耗为代价，而要提高资源的利用效率，否则自然资源的极限将会制约地区经济的增长。

---

① 中国环境与发展国际合作委员会．中国环境与发展国际合作委员会 2011 年度政策报告：中国经济发展方式的绿色转型［M］．北京：中国环境科学出版社，2012.

2.2 文献综述

2.2.1 资源诅咒的文献综述

1. 资源诅咒的存在性研究

从 Auty（1993）提出资源诅咒的概念开始，关于资源诅咒的研究层出不穷。对于资源诅咒的研究经历了两个发展阶段：早期关于资源诅咒的研究集中于自然资源丰裕度（依赖度）对经济增长速度的研究，后来学者们认识到仅仅分析资源丰裕度（依赖度）对经济增长速度的影响，并不能全面分析资源禀赋对地区带来的影响，他们对资源诅咒的内涵进行了扩展。但不论研究视角如何转变，国内外学界关于资源诅咒存在与否仍有三种不同观点。

（1）资源诅咒存在论的研究。

资源诅咒存在论者认为自然资源丰裕度（依赖度）阻碍经济增长速度。

Sachs 和 Warner 在 1995 年、1997 年、1999 年、2001 年连续发表了多篇文章来解释资源诅咒的成因，建立了研究资源诅咒理论的经典模型——Sachs—Warner 模型（S—W 模型）。在 1995 年的论文中，他们以矿产资源出口量/GDP 来衡量自然资源丰裕度，对 1970—1989 年世界 95 个国家和地区的自然资源丰裕度与经济增长的速度的关系进行了分析，在控制了初始收入、开放度、投资比重等变量之后，两者之间呈现显著的负相关关系。在 1997 年的论文中，他们对比分析了 20 世纪 70 年代和 20 世纪 80 年代的数据，结果发现即便是在对初级产品生产国极为有利的 20 世纪 70 年代，资源诅咒现象依然存在。而 1999 年的论文中，他们则研究了七个拉丁美洲国家的数据，证实了与自然资源的繁荣程度相伴的通常是人均 GDP 的下降。此后关于资源诅咒的研究基本都以 S—W 模型为基础展开分析。在 2001 年的研究中，他们又控制了模型中的地理变量和气候变量，发现资源丰裕度越高越会拖累地区经济增长速度。Papyrakis 和 Gerlagh（2004）在对 39 个国家和地区的数据进行实证分析后，发现自然资源的丰裕程度与经济增长率呈负相关性。徐康宁、韩剑（2005）用资源丰裕度作为度量地区资源禀赋的指标，对 1987—2003 年中国部分省份的资源丰裕度与经济增长之间的关系进行检验，发现中国资源丰裕地区的经济增长速度远远低于资源较为匮乏的地区，肯定了资源诅咒效应的存在。邵帅（2010）在对资源诅咒命题的内涵及假说进行修正和补充的基础上，对我国地级煤炭城市的面板数据样本进行了实证检验，证实了煤炭资源的开发束缚了煤炭城市的经济增长的假设，从而肯定了资源诅咒的存在。丁从明、马鹏飞、廖舒雅（2018）将资源诅咒的研究从宏观层面转向微观层面，使用倾向得分匹配方法（PSM）从自然资源保有量和自然资源集中度两个角度研究了资源禀赋对人均收入的影响，证实了微观层面上资源诅咒同样存在。

之后随着理论的拓展和实践的要求，对资源诅咒的研究突破了经济增长速度的单一角度，向多角度发展。

Zidouemba、Elitcha（2018）将资源诅咒扩展到经济增长效率的视角，他们认为资源依赖度与 TFP（全要素生产率）增长率之间呈现负相关。非资源部门 TFP 水平比较低的国家，其生产要素倾向于流入资源部门，而这些资源部门的 TFP 水平比非资源部门更低，进一步拖累国家的经济增长，并且导致 FDI（外国直接投资）在 TFP 增长方面的收益降低。黄建欢等（2015）对比研究了生态效率视角下，资源开发型和资源利用型区域的资源诅咒现象，结果表明省级层面生态效率视角下资源诅咒是存在的，并且通过分析发现，资源开发型地区资源诅咒现象产生的原因并非资源开发本身，而是资源丰裕环境下的资源浪费行为。李江龙、徐斌（2018）将资源诅咒的研究扩展到能源环境绩效的视角，研究发现资源丰裕程度对地区绿色经济增长呈现出显著的负面影响，资源丰裕度越高，绿色经济增长水平越低。张野等（2018）将人类发展指数引入资源诅咒的研究中，对金砖五国的资源诅咒问题进行了研究，证实了资源依赖度对人类发展存在诅咒现象，各国呈现出不同的诅咒程度。

（2）资源诅咒不存在论的研究。

尽管有大部分学者认为资源诅咒是存在的，仍有部分学者通过研究证明资源诅咒并不存在。

Manzano 和 Rigobon 认为资源诅咒产生的原因在于资本市场和经济体制的不健全，而不应归咎于丰裕的自然资源。Wright 和 Czelusta 认为传统的关于资源诅咒的跨国回归模型中存在较为严重的选择性偏误，并不能够证明资源诅咒在跨国层面的存在。Weber（2014）研究了美国中南部地区的天然气开发与经济增长之间的关系，发现了天然气开发的规模扩大并没有带来资源诅咒，相反与天然气相关的采矿业工业的发展带动了更多非采矿业的就业增长。张亮亮、张晖明（2009）认为造成中国各地区之间经济发展水平差异的是自然地理条件、人口规模等，并非自然资源的丰裕度，中国省级层面并不存在资源诅咒。张贡生、李伯德（2010）认为关于资源诅咒的研究存在如下缺陷：对于自然资源丰度的衡量指标设计存在显著缺陷；没有对经济增长的快慢进行合理的界定；对于能源价格合理性或者接近市场价格的假设，并不符合中国的实际情况；在分析中忽视了不同区域的交通运输、社会文化、历史条件等的差异性等，这些要素都对经济增长有影响。方颖等（2011）使用人均资源拥有量作为衡量自然资源丰裕程度的指标，结果并没有发现自然资源丰裕程度会对经济增长造成负面影响。田志华（2014）的研究同样认为资源诅咒假说在我国城市层面上不成立，他认为几年来资源价格的不断攀升给相关城市带来的资源红利远远大于自然资源通过传导机制给经济增长带来的阻碍。

Greasley 和 Madsen（2010）、Tugcu 等（2016）将资源诅咒的研究扩展到了经济增长效率的视角，他们用 TFP 代替了 GDP 增长速度展开研究，结果表明对矿产资源的依赖或消费不仅没有阻碍 TFP 的增长，反而会产生资源型经济的集聚效应，从而显著促进知识创新，进而提高劳动生产率和 TFP 水平，促进经济增长。

（3）资源诅咒条件存在论的研究。

在现实中，资源诅咒和资源祝福的现象同时存在这一矛盾启发了学者们从新的研究思路审视自然资源与经济增长之间的关系：两者之间并非只是简单的线性关系，资源诅咒只有在某种条件下才存在。

不同资源类型论。Auty（2001）将资源经济类型划分为点源型经济和散源型经济①，指出点资源（石油、天然气和煤炭等能源）的诅咒效应比散资源更严重和普遍，点资源会导致集中性的生产和收益模式，从而更容易产生寻租等非生产性活动，引发资源诅咒。所以在论及资源对经济发展产生的影响时，一定要预先分析资源的属性问题。Murshed（2004）也表示正是经济类型的差异导致了资源诅咒和资源祝福同时存在的矛盾，点源型经济单纯依赖自然资源的生产和出口，使以自然资源为主的初级产业在国内生产总值中占绝对比例，而且资本、劳动等生产要素被锁定在资源产业内，导致其他产业没有壮大的可能性。点源型的经济体无论现在发展有多好，一旦赖以发展的资源枯竭

① 点源型经济是指产业集中于石油、煤炭等矿产资源领域的经济活动模式；散源型经济是指国际经济结构呈现多元化发展特征的经济活动模式。

或被其他新兴资源所取代，对于一国或区域经济将会有致命性的威胁。

不同时期论。Collier 和 Goderis 认为在短期内自然资源的开发对经济增长有明显的促进作用，即短期内不存在资源诅咒；而自然资源的长期开发则会阻碍经济增长，即产生资源诅咒。Gerard（2011）通过对 1970—1999 年美国 50 个州的数据的实证研究发现在不同时期资源依赖度和 TFP 增长之间呈现完全相反的关系。在 1979 年以前，资源依赖度和 TFP 增长率是正相关关系，但 1979 年以后，两者关系转变为负相关。邵帅、齐中英（2008）对 S—W 模型进行了改进，他们用能源开发强度即能源工业产量占工业总产量的比重作为衡量资源丰裕程度的指标，对西部大开发前后的资源诅咒进行了验证，结果发现西部大开发前，西部地区并不存在资源诅咒现象，但是西部大开发后，西部地区能源的开发反而引发了西部地区的资源诅咒现象。战炤磊（2014）认为资源禀赋对 TFP 的影响是双向的，从短期静态视角来看，资源禀赋可以带来成本、规模和需求方面的优势，从而带来 TFP 的提高；从长期动态视角来看，资源禀赋优势带来的资源错配、创新乏力等问题，又会阻碍 TFP 的增长。

不同经济要素条件论。Pertto 和 Valente（2011）认为正是人力资本和自然资源在资源型中间产品生产过程中的替代弹性不一致，才导致了资源繁荣和 TFP 之间呈现出不同的关系。当两者为替代关系时，自然资源的繁荣会使得资源丰裕地区的资源收入和制造业产品的需求及支出都显著增长，而相比资源部门，制造业部门的技术贡献率和生产效率更高，因而人力资本会逐步流向制造业部门，制造业部门具有“干中学”的技术溢出效应，能够显著促进地区创新水平的提高，最终推动 TFP 增长；但是当这两个要素互补时，资源的繁荣会阻碍 TFP 的增长。邵帅、范美婷、杨莉莉（2013）考察了资源产业依赖对于经济发展效率的非线性影响，并探讨了其形成机制，结果发现市场化程度的门槛效应造就了资源产业依赖与 TFP 增长呈现出显著的倒 U 形关系。孙慧、朱俏俏（2016）证实了我国资源型产业集聚与 TFP 之间的强稳定的倒 U 形曲线关系：资源型产业的适度集聚，会发挥规模效应，促使 TFP 的提高；但是资源型产业的过度集聚，则会产生拥塞效应，阻碍 TFP 的增长。杜克锐、张宁（2019）的研究着眼于自然资源丰裕度与生态效率之间的关系，他们发现两者也呈现出非线性的关系，当自然资源丰裕度处于 8% ~15%，能够促进城市的生态效率提升；而当自然资源丰裕度过低或者过高，则会对城市的生态效率起到负面作用。

综合以上研究可见，不同类型、不同时期、不同地区及不同经济条件下，自然资源和经济增长速度（全要素生产率等）呈现出不同的趋势和特征，两者之间并非简单的线性关系。

整理关于资源诅咒的文献可知，从经济增长速度视角研究资源诅咒的文献翔实，但是从经济发展效率视角研究资源诅咒的文献不多。不论是从经济增长速度还是经济发展效率视角展开的相关研究，都存在争议，只有继续选取合适方式来进行研究，才有助于更深入分析这一理论。

2. 资源诅咒传导机制的研究

抛开资源诅咒存在性的争议问题，学者们将更多的研究集中在明晰资源丰裕地区陷入诅咒的原因，也就是资源诅咒传导机制的研究上，以便找出相应的破解方法。现将资源诅咒的传导机制基本总结如下。

（1）贸易条件恶化论。

贸易条件恶化论（Deteriorating Trade Terms Theory），又称“普雷维什—辛格假说”，由阿根廷经济学家普雷维什和德国经济学家辛格提出，这一理论也被用来解释资源诅咒产生的原因。在传统的国际劳动分工下，世界各国被分成“大的工业中心”和为“大的工业中心”提供粮食和原材料的“外围”两部分。按照比较优势理论这种“中心—外围”的分工能够让生产工业品的“中心”和生产初级产品的“外围”都获利。但是实际上，这个体系是不对称的，由于技术变迁及外溢机制、市场容量以及需求弹性、收入弹性等一系列条件的变化，“中心”和“外围”形成了不同表现：初级产品价格相对于工业制成品的价格长期较低，即贸易条件不断恶化，处于“外围”的发展中国家只得出口更多的初级产品，这样才能换回更多的工业品，贸易利润几乎全部被发达国家占有。此后，也有学者从贸易条件视角展开资源诅咒的研究。Arezki 等（2007）采用自然资本比率替代自然资源出口作为解释变量，研究发现资源丰裕会导致资源诅咒，而且贸易开放度低的国家，资源诅咒更为严重。Blattman 等（2007）认为初级产品出口国所面临的贸易条件差是初级产品出口国与发达国家贸易收入差异的主要原因。

（2）荷兰病效应。

荷兰病效应是指一国尤其是小型的开放经济体的自然资源部门突然繁荣导致其他部门衰落，最终拖累地区经济增长的现象。因其最早在荷兰出现，所以这类“因富得祸”的经济现象被统称为荷兰病。20 世纪 60 年代，在荷兰北海沿岸发现了储量惊人的天然气，荷兰一夜之间成为以出口天然气为主的国家，农业和以工业制成品为代表的“非气”工业逐步衰落，依赖于天然气资源出口带来的巨额收入，荷兰的经济迅速发展。但是一段时间之后，荷兰国内的制造业和农业萎缩严重，天然气行业无法吸纳更多劳动力，导致失业率暴增、人民收入水平锐减等困扰，经济增长的长期动力受损，荷兰最终在多方面失去国际竞争力。

自然资源的出口虽然可以创造财富，但自然资源本身不能创造就业机会，资源部门的过度发展还会对其他经济部门产生挤出效应。以初级产品生产和出口为主的产业部门与其他产业部门的关联性低，会导致技术溢出的正外部效应减弱，同时资源开采对劳动力素质基本没有过高要求，因此如果一个国家走上以牺牲本国其他行业的发展来促进资源产业发展的步伐，会导致严重依赖初级产品生产和出口的不合理的、低级的产业结构形成，最终只能像荷兰那样走向经济衰退（Gylfason）。此外，一旦资源财富分配不均，即便是在制造业具有初始优势的地区，也会最终陷入荷兰病的困境（Behzadan，2017）。

（3）制度弱化效应。

在资源诅咒传导机制的分析中，制度问题是学者们研究的重点之一。良好的制度基础构成了经济增长的必要条件，制度与资源效应之间是双向影响的关系（刘瑞明、白永秀，2008）。在制度不完善的国家或地区，现有的制度在很大程度上决定了资源丰裕度对经济增长的作用（Mehlum 等，2006）。制度成为解释不同国家经济发展差异的原因之一，制度成为验证资源依赖对经济增长有无直接显著影响的关键因素（张景华，2008）。反过来，资源丰裕度也会通过影响制度间接地影响经济增长（王闰平、陈凯，2006）。由此可见，制度因素在资源诅咒中有重要作用。

Engerman 和 Sokoloff 认为资源禀赋情况对制度的发展路径和制度质量具有重要影响，进而又会对国家经济绩效产生较大影响。Sala-i-Martin 和 Subramanian 的研究表明，矿产资源的生产会引发寻租活动，进而降低经济体的制度质量，从而给经济发展带来负面影响。Murshed（2004）将寻租行为引入 Ramsey 模型，对资源繁荣、寻租与经济增长之间的关系进行了研究，认为对于集中型资源（如矿产资源）经济体来说，政府往往通过集中开采就能直接获取大量收入，这会导致腐败、寻租和掠夺性的政府产生。寻租行为不仅会降低资本的有效边际产出和均衡资本的存量，更为严重的是，其会在地区内形成扩散效应，加剧地区经济下滑。Mehlum 等（2006）认为高质量的制度会使企业家成为生产商，低质量的制度则会使企业家成为寻租者。Evelyn 认为造成资源丰裕同经济增长的负向关系的原因在于资源权力代理人的非理性行为。Sarmidi 等（2012）对传统的阈值估计方法进行创新，研究了以政府效率、腐败等为代表的制度变量在资源诅咒中的门槛效应，发现制度质量水平超过临界点后，自然资源对经济增长的影响才会为正，而且制度质量越低的国家和地区对资源依赖的程度越高。徐康宁、韩剑（2005）较早地将制度因素引入资源诅咒的研究，他们认为在法律制度不完善、产权制度不清晰、市场规则不健全的情况下，自然资源的丰裕程度与“机会主义”行为和寻租活动呈现正相关关系，而这些活动又进一步诱发资源丰裕地区的资源掠夺式开采和浪费现象。张景华（2008）认为自然资源对经济增长的影响取决于制度质量的差异，制度质量是技术改进与开发、物质资本积累和人力资本积累的动力源泉。王智辉（2008）认为造成资源依赖地区经济增长落后的原因在于制度安排，而非自然资源本身。刘瑞明、白永秀（2008）认为资源依赖地区究竟是走上资源祝福还是资源诅咒的道路，最主要的影响因素是社会制度。如果社会制度不鼓励生产性的寻利活动，那么将出现更多非生产性的寻租活动，资源诅咒势必发生。徐林、黄念兵（2010）认为阻碍经济增长的最重要的因素是制度，而非资源，是制度造成了诅咒，而不是资源造成了诅咒。何雄浪、姜泽林将自然资源存量及制度要素都引入新古典增长模型，从理论视角对制度问题在资源诅咒中的作用进行了机理分析，在此基础上，又通过计量模型对这一机理进行了验证，发现较差的资源分配制度和产权制度与资源诅咒形成了恶性循环。

（4）挤出效应。

挤出效应是指自然资源的开发对经济增长驱动要素的挤出。

挤出教育，弱化人力资本。Sachs 和 Warner 认为自然资源开采和初级产品生产并不需要劳动力具有较高的技能，而且会带来大量的短期利益，所以资源依赖地区的政府和家庭忽略了对教育的投入，使得人力资本积累被弱化，高技术的人才增长缓慢，最终导致经济增长停滞。Gylfason 的研究表明，自然资源对经济增长产生负面影响主要是因为自然资源对地区教育的挤出，自然资源的繁荣会对地区教育投入产生严重影响，而且自然资源丰裕度会对地区的入学率和受教育年限都产生负面影响。Birdsall 的研究结果表明，资源丰裕国家对劳动力技能的要求较低，人力资本投入相对不足，人力资本积累大幅度减少，使得经济增长动力不足。Papyrakis 和 Gerlagh（2004）发现美国各个州资源的丰裕度与经济增长之间负相关的原因在于资源丰裕度会对经济增长的要素产生挤出效应，其中资源丰裕度对教育投入的挤出效应最严重。徐康宁、韩剑（2005）认为资源丰裕地区资源产业的发展会导致地区人力资本积累不足，无法支持经济持续高速增长。胡援成、肖德勇（2007）认为人力资本是决定省级层面资源诅咒存在与否的关键因素，当人力资本投入水平高于门槛值时，资源诅咒得以破解；而一旦人力资本投入水平低于门槛值，资源诅咒就会加剧。赵灵、张景华（2008）认为人力资本已经取代自然资源对经济增长的作用，但是资源丰裕度高的地区注重发展资源型产业，从而导致人力资本积累不足，挤出了人力资本，从而阻碍了地区经济增长。王成（2010）认为人力资本投入不足，不仅会降低资源部门的生产效率，而且会对制造业等其他部门的人力资本构成产生消极影响，导致社会所有部门产品竞争力下降，经济发展受阻。杨莉莉、邵帅（2014）将人力资本的流动引入资源诅咒的研究，分析发现人力资本外流确实会提高资源诅咒发生的概率。

挤出技术创新。Papyrakis 和 Gerlagh 认为自然资源的丰裕程度高，会将潜在创新者吸引到初级产品生产中去，挤出企业家的创新行为，使得企业家才能弱化。邵帅、齐中英在罗默内生增长基础模型上，引入了自然资源开采部门，构建了资源依赖地区的四部门模型，用动态均衡分析和比较静态分析两种方法对资源诅咒挤出技术创新的机制进行了分析，发现在资源丰裕的地区，因为自然资源价格的短期提高，经济增长的要素被吸引到非创新的简单活动中，从而影响整个经济体的技术创新行为。李栋华、王霄（2010）认为在资源丰裕地区，资源的短期收益会对创新产生抑制，抑制经济发展效率的增长，使得产业和经济可持续能力减弱，从而产生资源诅咒现象。邵帅、杨莉莉（2011）建立了包含创新的四部门内生增长模型，探讨了自然资源开发活动如何对技术创新和地区经济增长产生影响，结果发现能源依赖度确实会挤出区域创新投入和产出，但是这种挤出能够被市场化程度的提高及生产要素配置效率的改善缓解甚至是消除。

挤出制造业水平。Matsuyama 将整个国民经济分为农业和制造业两个部门，由于制造业具有“干中学”的性质，他认为若一国的制造业被有资源优势的初级产业所挤出，那么该国的经济增长能力就会下降。Arezki 和 Ismail 研究发现石油行业每提升 10% 的收益，制造业相关行业要减少 3% 的收益，与此同时，制造业还面临着更严重的资本流失。徐康宁、韩剑（2005）认为资源产业的扩张会对制造业水平产生挤出效应，而制造业的萎缩又会降低资源的配置效率，不利于地区的持续发展。杨莉莉、邵帅、曹建华（2014）经过空间计量模型分析发现荷兰病效应产生的对制造业投入的削弱是造成我国省级层面资源诅咒问题产生的首要原因。

挤出物质资本投资。自然资源对于物质资本投资的挤出途径有以下三种。一是资源开发降低了个人储蓄和投资的需求。因为资源的开发在一段时间内，为资源依赖地区的居民提供较为持续的收入来源，让他们对未来的持续收入建立稳定的安全感，根据弗里德曼的持久收入假说①，居民产生了收入稳定的安全感，所以居民在现期不会为了保证后期的生活而增加储蓄或投资（Gylfason，2001）。二是资源的繁荣增加了资源部门收益，使生产要素向资源部门集聚，造成制造业等部门缩减，但是由于规模收益递增和正外部性的存在，制造业缩减必然会降低投资收益率和生产率。三是资源丰裕国家通常集中于发展资源产业，金融业等第三产业通常不完善，这些都间接阻碍了储蓄和投资的增长。

挤出对外贸易。李天籽（2007）认为在资源诅咒的传导机制中，自然资源开发对外商直接投资的挤出效应最大，因此挤出对外贸易成为资源诅咒最主要的传导机制。闫美娜（2009）认为对外贸易水平的提高对于削弱资源诅咒效应具有重要作用。

（5）生态环境恶化。

徐康宁、韩剑（2005）较早认识到自然资源的开发会对生态环境造成巨大压力，使得地区生态环境愈加脆弱，影响经济的可持续发展。赵灵、张景华（2008）认为自然资源开采带来的环境恶化，会降低本地的资本积累，拖累经济增长。张亮亮（2009）认为资源型产业的发展给环境带来的负面影响，将会从两个方面拖累地区经济增长：一是环境治理成本巨大，二是环境方面的比较优势丧失。王喜荣、高军（2009）认为以煤炭为主的资源产业，不仅

---

① 1956 年，美国经济学家弗里德曼提出持久收入假说。该假说指出，消费者的消费支出不是由现期收入决定的，而是由持久收入决定的。也就是说，理性的消费者为了实现效用最大化，不是根据现期的暂时性收入水平，而是根据长期能保持的收入水平，即持久收入水平来做出消费决策的。

具有高污染性，而且经营模式较为粗放，资源浪费、水土流失、地表塌陷等问题频发，这不仅给当地经济带来巨大损失和治理费用，而且会使物质资本和人才外流，令当地经济发展丧失活力，陷入资源诅咒。

为了明确资源诅咒的传导机制，笔者根据国内外研究对资源诅咒传导机制进行整理。自然资源为经济增长提供了物质基础，曾经一度是经济增长的驱动要素；但是自然资源开发会通过传导机制的影响，对经济增长产生负面的影响。从以上传导机制的分析来看，国外学者多侧重于从制度弱化效应和国家贸易的角度来分析资源诅咒传导机制，而国内学者对资源诅咒传导机制的研究多侧重于挤出效应和生态环境恶化方面。

2.2.2 自然资源、产业结构与绿色经济增长关系的文献综述

1. 自然资源对产业结构的影响

自然资源对产业结构的影响是双向的，也是变化的。在地区分工和产业布局的初始阶段，自然资源作为地区的比较优势，会促使地区设计产业布局时侧重资源产业；但是随着地区经济发展过程中对自然资源的依赖，资源产业成为地区的主导产业，并逐渐固化下来，使得产业结构进一步转型升级困难化，具体表现如下。

（1）自然资源丰裕带来的比较优势是产业初始布局和分工的基础。

按照比较优势理论的分析，资源依赖地区的比较优势就是自然资源，因此在很大程度上决定了地区的初始产业布局和分工。钱纳里在《工业化和经济增长的比较研究》一书中指出，直接影响经济结构的是经济体的内部因素，经济体中收入水平、资源禀赋、人口规模、政府政策、发展目标、贸易环境等起着重要的影响作用，可见，钱纳里也认为资源禀赋与产业结构有着相关性。产业结构的发展、转变在一定程度上都依赖于能源资源禀赋的变化（吴海兵、肖地楚、王欣欣等，2013），丰裕的自然资源能带来产业结构调整。丰裕的自然资源会降低第一产业占 GDP 的比重（陈浩、方杏村，2014）和第三产业占 GDP 的比重，提高第二产业占 GDP 的比重，从而在短期内带来产业结构红利（梁斌、姜涛，2016）。

（2）自然资源依赖带来的比较优势陷阱是产业结构转型升级的阻碍。

如果自然资源丰裕的地区进行高强度的资源开发，而没有通过一定的方法来克服地区经济对于资源的依赖，就会造成地区产业单一化现象严重，阻

碍地区产业结构的正常演进，制约其他产业，尤其是制造业和第三产业的发展。宜昌勇、唐成伟和晏维龙（2012）的分析表明，资源丰裕地区在主导产业的选择和布局上多集中于以自然资源开发和初加工为主的资源产业，而资源产业的过度发展会对人力资本、教育投入、制度质量、技术创新等要素产生挤出效应，而在产业转型升级的过程中，这些因素都起到了至关重要的作用，因此资源产业的过度发展必然会影响地区产业结构转型升级。孙永平、叶初升（2012）研究了自然资源与产业结构升级的关系，分析得出，资源丰裕型地区的自然资源会影响地区的产业升级，资源丰裕度和资源依赖度会阻碍产业结构的合理化、多元化和高级化。梁斌、姜涛（2016）进一步验证了自然资源对于三次产业发展程度的影响，结果发现丰裕的自然资源会降低第一产业占 GDP 的比重和第三产业占 GDP 的比重，提高第二产业占 GDP 的比重。缪勇、董春诗（2011）认为资源产品在当地加工度的大小直接影响资源地区的经济结构。唐成伟、陈亮创造性地在资源诅咒成因的分析框架中加入了产业结构演进这一因素，构建了以工业化程度和第三产业发展水平为变量的中介传导模型来分析资源诅咒现象，结果发现资源开发强度提高并没有显著挤出制造业水平，但是显著制约了第三产业的发展。马腾、张伟认为资源型经济体的产业结构不仅单一化显著，还具有显著的刚性和脆弱性，刚性体现在资源产业“独大”会严重阻碍第三产业的发展，将地区的产业结构固化在资源产业中，阻碍产业结构进一步转型升级；脆弱性体现在资源地区经济容易受资源产品价格波动的影响，在资源价格高的时候，地区经济尚能勉力维持，一旦资源价格降低，地区经济就会断崖式下滑。李虹、邹庆（2018）研究发现资源型城市的资源禀赋水平不断上升，会影响产业结构进一步高级化和合理化。

2. 产业结构对绿色经济增长的影响

（1）产业结构能够显著促进绿色经济增长。

结构主义观点认为，因为不同部门之间生产效率水平和生产率增长情况具有显著差异，产业结构演进的过程就是生产要素不断从生产效率较低的部门流向生产效率较高的部门，从而使得生产要素在不同部门的生产率得到基本平衡，最终实现经济增长（Peneder，2003）。产业结构演进促进了经济总量的增加和资源的合理配置，由此产生的结构效应是经济增长的重要源泉。

随着环境污染和资源消耗的加剧，我国越来越注重“经济增长、资源节

约、环境友好”的绿色发展，众多学者也逐渐重视研究产业结构对经济增长中环境污染问题的分析。绝大多数的研究都建立在 Grossman 和 Krueger 提出的环境库兹涅茨曲线（Environmental Kuznets Curve）的基础上，Shimada 等（2007）认为产业结构转型升级同技术进步一样，都能有效促进节能减排，对绿色经济增长起到促进作用。Jin 和 Li（2013）认为因为缺乏绿色创新的核心技术，加之过去在经济增长中忽视环境问题，我国面临着巨大的环境压力。产业结构的适时调整，能够有效缓解环境压力，促进绿色经济发展。韩永辉、黄亮雄、王贤彬等（2015）的研究表明产业结构合理化和高度化不仅能提高本地区的生态文明水平，而且存在正向的空间外溢效应，会显著提升其他地区的生态文明水平。冯志军、康鑫、陈伟（2016）认为产业结构升级不仅能够直接发挥对绿色经济增长的促进作用，还能起到中介传导作用，使得原本对绿色经济增长无直接影响的知识产权管理发挥出促进作用。武建新、胡建辉（2018）认为产业结构合理化和产业结构高级化对于促进绿色经济发展均有显著作用。刘赢时、田银华、罗迎（2018）认为产业结构升级、能源效率提升以及两者交互作用均能有效提升绿色全要素生产率，其中产业结构升级的作用最大。卫平、余奕杉（2018）认为产业结构合理化能够显著提升资源城市的经济效率。谢婷婷、刘锦华（2019）的研究同样证实产业结构转型升级对绿色经济增长有显著促进作用，同时金融集聚能增强产业结构转型升级对绿色经济增长的促进作用。

（2）产业结构并未有效提升地区绿色经济增长。

李子豪、毛军（2018）的研究表明产业结构工业化发展对于本地的绿色发展有负面影响。特别是在资源依赖地区，产业结构均未能有效发挥出对经济增长的促进作用。傅元海、叶祥松、王展祥（2016）认为资源依赖地区产业结构呈现显著刚性，生产要素没能实现从效率低的产业部门流向效率高的产业部门，使得产业之间结构性效率差异扩大化，最终影响了地区经济增长。黄亮雄、王鹤、宋凌云（2012）的研究结果表明产业结构调整显著降低了本地区单位 GDP 能耗和污染排放量，但是提高了其他省区的单位 GDP 能耗和污染排放量。张治栋、秦淑悦（2018）对长江经济带的 108 个地级及以上城市进行了研究，结果证实了产业结构合理化以及产业结构高级化调整均能有效促进本地的绿色效率提升，但是同样存在“以邻为壑”的负外部性，特别是在沿江城市，负外部性更显著。李子豪、毛军（2018）在研究中也发现邻近地区的工业化发展会产生“逐底竞争”效应，从而对本地的绿色发展产生抑制作用。

3. 自然资源、产业结构与经济增长关系的总结

根据上述研究，对自然资源、产业结构与绿色经济增长的关系进行总结，如图2－2所示。自然资源短期的丰裕，会降低第一产业的比重，提高第二产业的比重，短期内有利于产业结构的转型升级，进而有利于推进产业结构在地区绿色经济增长提升中发挥作用。但是如果长期对自然资源过度依赖，第二产业过度发展，并且呈现刚性、黏性，在降低第一产业比重的同时，会导致第三产业发展受限，并不符合配第一克拉克定理下的产业结构演进规律。对自然资源的依赖会对产业结构的转型升级造成影响，阻碍产业结构在绿色经济增长提升中发挥作用，此类情况在资源依赖地区尤为显著。

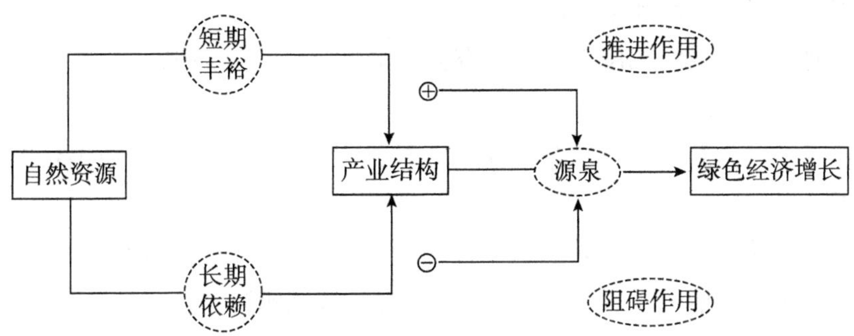

图2－2　自然资源、产业结构与绿色经济增长的关系

从以上研究可以初步得出：丰裕的自然资源在短期内能够促进产业结构的优化升级，使得产业结构发挥其对绿色经济增长提升的源泉作用；但是长期的资源依赖则会阻碍地区产业结构的优化升级，使得地区产业结构单一化、低度化，进而阻碍产业结构对绿色经济增长提升源泉作用的发挥。由此笔者提出一个问题：产业结构是否为自然资源与绿色经济增长关系的传导机制之一？这一问题在后文的论述中将会逐渐得到解答。

2.2.3　简要评述

综观国内外对资源诅咒的研究可知，国内外学者关于资源诅咒的研究有共同之处。第一，目前国内外学者都没有关于资源诅咒研究的定论，关于资源诅咒的存在性有三种不同的结论。但是目前更多学者的研究都倾向于资源诅咒条件存在论，不同的资源类型、不同时期、不同区域都造成了资源诅咒条件存在。第二，国内外学者关于资源诅咒的研究中逐渐出现对于生态环境影响的分析，特别是国内学者。这一方面是环境问题倒逼所致，另一方面也反映出人们环境保护意识的不断提高。第三，从国内外学者对于资源诅咒传导机制的研究中可见，国内外学者对于挤出效应和制度弱化效应的研究基本达成了共识。但是国内外学者研究存在差异之处：国外关于资源诅咒传导机制的研究更多是基于国际贸易视角展开的，不论是荷兰病效应，还是贸易条件恶化论都与自然资源的国际贸易有关；而国内关于资源诅咒传导机制的研究更注重环境问题的研究。由此可见，自然资源与经济增长之间的关系复杂又多样，不同国家和地区都有不同的传导机制（徐康宁、邵军，2006；胡健、张凡勇、董春诗，2011），即便是同一个国家和地区，资源诅咒的传导机制也会随着各种经济环境和条件的改变而发生变化。面对世界范围内资源祝福和资源诅咒同时存在的矛盾现象，对资源诅咒问题的深入研究仍然有着重要的现实和理论意义。

通过对国内外资源诅咒存在性及传导机制的分析，笔者发现仍然存在以下问题亟待解决。

（1）绝大部分研究都将经济增长速度作为考察资源诅咒的关键变量，而忽视了资源开发地区更严峻的资源浪费现象和环境污染问题。

现有关于资源诅咒的争议大多集中于对资源禀赋指标合理性的争议（Stijins，2005；Fan，2012），却忽略了被解释变量的衡量指标。从文献分析来看，大多数学者采用 GDP 增长率或者人均 GDP 增长率来衡量地区经济状况，但是该指标仅能反映经济发展中的经济增长速度这一方面，而无法衡量自然资源开发引起的生态污染、环境破坏等问题。该指标已经不符合新时代经济高质量发展的要求，也没有跟上资源诅咒理论内涵的不断外延。现实情况是，在我国大力倡导“经济增长、资源节约、环境友好”的社会建设中，资源依赖地区面临的资源和环境问题更为严重①。因此在新时代背景下，需要

① 造成资源依赖地区资源浪费和环境问题更严重的原因如下。第一，资源依赖地区因为坐拥丰裕的自然资源，较少受到资源不足的制约，没有提高资源利用效率的动机（李江龙、徐斌，2018），导致资源浪费严重。第二，资源依赖地区环境问题具有多样性，除了同样会面对资源消费高的地区的雾霾问题，还要直面资源开采、加工、运输等整个生产过程中所产生的环境问题，如空间环境问题、地表环境问题。雷仲敏甚至认为资源依赖地区以其严重的区域内部不经济，换来了能源消费地区的区域内部经济性。

将资源消耗、环境污染等因素考虑到资源诅咒的研究中，并对自然资源与绿色经济增长的问题进行再度量。

（2）对资源诅咒传导机制的分析忽略了产业结构的作用。

对资源诅咒传导机制的研究是破解资源诅咒的关键，但是资源丰裕地区陷入诅咒的原因是多方面的，现有对资源诅咒传导机制的研究成果，还不能完全解释资源诅咒的成因。特别是基于国际视角研究得出的传导机制，并不一定适合国内的情况。因而更加深入广泛探讨资源诅咒的传导机制，对于资源依赖地区破解诅咒至关重要。关于自然资源、产业结构与绿色经济增长关系的文献，从短期和长期两个方面阐述了产业结构在自然资源与绿色经济增长中所扮演的重要角色，因此有必要将产业结构纳入资源诅咒传导机制的分析范畴。而现有的资源诅咒传导机制是从资源转移、国际贸易、经济增长驱动要素等方面提出的，忽略了资源地区产业结构的问题。

本书立足于这两个问题，在积极借鉴前人研究的基础上，将绿色经济增长引入资源诅咒的分析，同时用产业结构合理化、产业结构高级化以及产业结构转型升级①三个维度来度量产业结构，将其纳入资源诅咒传导机制的分析范畴，站在巨人的肩膀上进一步填补前人留下的空白，期望能为资源诅咒的相关研究做出贡献。

---

① 产业结构合理化与产业结构高级化是产业结构转型升级的两个重要方面，但是仅仅用产业结构合理化或产业结构高级化并不能代表产业结构转型升级，应该注重二者的统一协调，才能全面反映产业结构转型升级。也有学者注意到了这一点，但在分析中直接使用简单的算术平均，这种方法虽然包含两者相统一的意思，却没有反映出产业结构合理化是产业结构高级化的基础，脱离了产业结构合理化的基础，形成的产业结构高级化只能是虚高的。所以两者不应是简单的算数平均，本书采用熵权法来确定两者权重，将产业结构合理化和高级化统一起来，具体的测算见下文。

第三章　中国绿色经济增长、产业结构与资源禀赋现状及测算

3.1　中国绿色经济增长现状及测算

3.1.1　中国绿色经济增长的现状

1. 中国绿色经济增长取得的进展

（1）经济增长中能源消耗总量增速下降，能源消耗结构不断优化。

自改革开放以来，我国能源消耗总量虽然持续增长，但是能源消耗增速不断放缓。1999—2010 年，能源消耗总量增长迅速，平均增速达 13%；而 2011—2017 年，能源消耗增速明显放缓，平均增速仅为 0.43%。在能源利用结构方面，非化石能源占一次能源消耗比重不断增加，截至 2017 年达 13.8%，相较于 2016 年、2014 年、2012 年，分别增长了 3.76 个、2.5 个、4.1 个百分点。中国能源消耗量及增长率如图 3 - 1 所示。

（2）资源利用效率不断提升，经济增长对能源的消耗大幅减少。

我国经济对能源的依赖程度大幅下降，以单位 GDP 能耗计，截至 2017 年为 0.54 吨标准煤/万元，较 2012 年、2007 年分别下降 27%、53%。水资源利用强度、土地资源利用强度均不断下降，截至 2017 年年底，分别为 0.0081 元/立方米、0.0053 万元/公顷。中国土地资源、水资源、能源利用强度如图 3 - 2 所示。

（3）环境治理力度加大，绿色产业不断发展。

环境治理力度加大，主要污染物减排取得积极进展。单位 GDP 废水排放量持续下降，截至 2017 年年底为 8.46 万吨/亿元，较 2012 年下降 33.3%。二氧化硫排放总量自 2005 年起便不断下降，2017 年年底为 875 万吨，相较于 2012 年、2007 年分别下降 58.7%、64.5%。工业固体排放量大幅下降，截至 2017 年年底仅为 73.04 万吨，较 2012 年、2007 年分别下降 49%、93.9%；

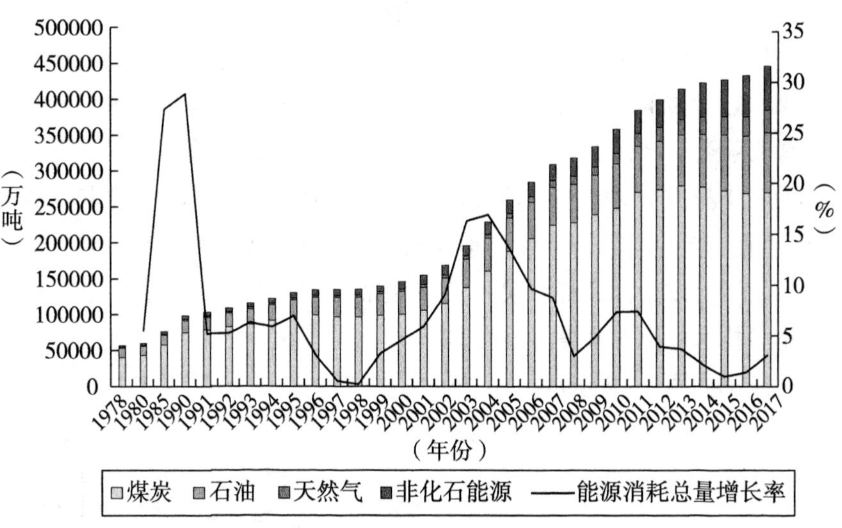

图 3－1　中国能源消耗量及增长率

数据来源：《中国统计年鉴》。

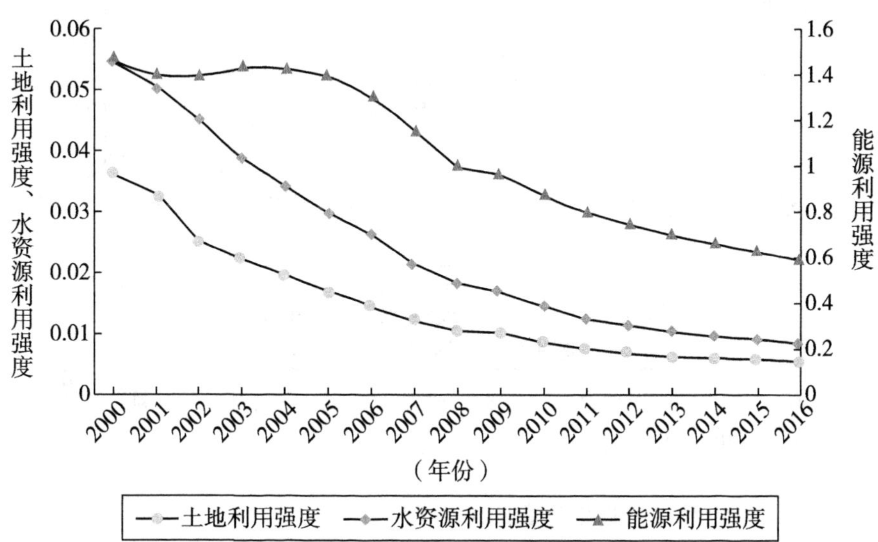

图 3－2　中国土地资源、水资源、能源利用强度

数据来源：《中国环境统计年鉴》。

工业固体废物综合利用率自 2002 年以来均保持 50% 以上。2017 年全国一般工业固体废物产生量为 331592 万吨，其中综合利用 4043. 42 万吨，处置 2551. 56 万吨，堆存 870. 87 万吨，危险废物处理处置利用率达 95% 以上，相比 2016 年的 82. 8% 有了长足的发展。与此同时，国家大力倡导绿色产业的发

展，发布《绿色产业指导目录（2019 年版）》①，其中节能环保产业、清洁生产产业、清洁能源产业、生态环境产业、基础设施绿色升级和绿色服务六大类是国家重点发展的一级绿色产业。就节能环保产业而言，我国节能环保产业发展势头强劲，产值由 2010 年的 2 万亿元增长到 2017 年的 5.8 万亿元，且在之后的 5 年里其年均增长率将达到 13%；2017 年环保产业的营业收入约 1.35 万亿元，较上年有 17.4% 的增长②。作为我国战略性新兴产业，节能环保产业的发展可以为国民经济可持续发展节约资源能源、保护生态环境提供物质基础、技术保障和服务。单位 GDP 废水、二氧化硫排放量及工业固体废物综合利用率如图 3－3 所示。

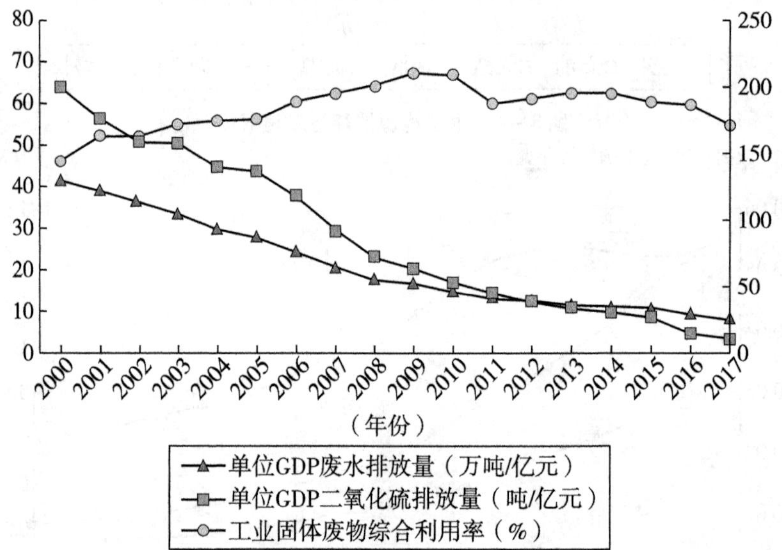

图 3－3　单位 GDP 废水、二氧化硫排放量及工业固体废物综合利用率

资料来源：《中国统计年鉴》。

2. 中国绿色经济增长中存在的问题

（1）能源利用结构调整艰难，资源利用效率仍与国际差异较大。

长期以来，由于能源储量不同，我国能源消耗结构极为不平衡，主要以煤炭为主，对石油和天然气的外部依存度较高。国际能源署发布的《世界能

① 2019 年 2 月 14 日，国家发展改革委、工业和信息化部、自然资源部、生态环境部、住房城乡建设部、人民银行、国家能源局联合发布《绿色产业指导目录（2019 年版）》，来指导绿色产业的发展。

② 2019 年 1 月，中国环境保护产业协会对外发布《中国环保产业发展状况报告（2018）》。

源平衡2018：概述》显示，2016年年底世界煤炭、石油、天然气、非化石在一次能源供应总量中的占比分别为27%、32%、22%、19%。我国煤炭占能源消耗比重虽然不断下降，但截至2017年年底占比仍超过60%，石油、天然气和非化石占比分别为18.8%、7%、13.8%，不及全球平均水平。根据《能源发展战略行动计划（2014—2020年）》①，到2020年我国非化石占比应达15%，相较于2017年的13.8%，仍有提升空间。与此同时，能源利用效率仍与发达国家有显著差距。2017年我国单位GDP能耗为0.65吨标准煤/万元，按照2017年美元兑人民币平均汇率计算，美国等发达国家的单位GDP能耗约为0.281吨标准煤/万元，因此我国的单位GDP能耗是发达国家平均水平的2.31倍。我国能源消耗结构如图3-4所示。

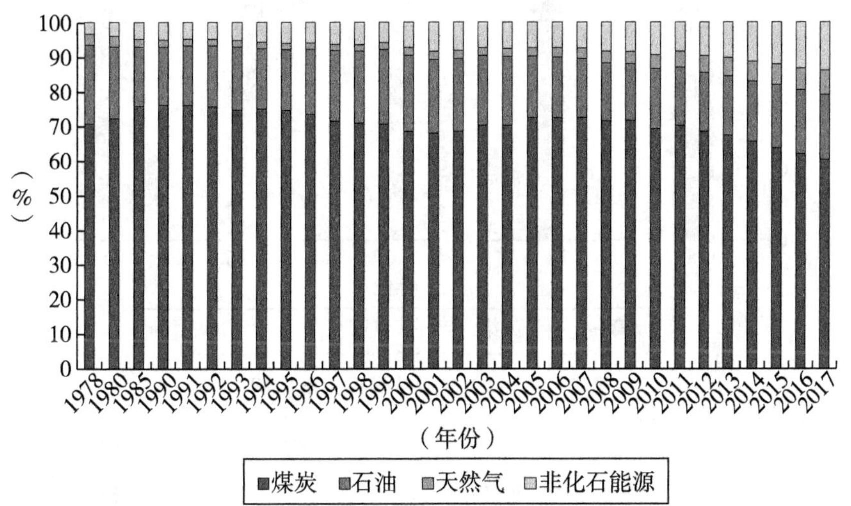

图3-4　我国能源消耗结构

数据来源：《中国统计年鉴》。

（2）淘汰落后产能仍然面临诸多挑战，绿色产业仍待进一步发展。

产业用电结构比例失衡，资源开采和初加工行业用电量增加幅度过高。2018年全社会用电总量为68449亿千瓦时，同比增长8.5%。第一产业用电量728亿千瓦时，同比增长9.8%；第二产业用电量47235亿千瓦时，同比增长7.2%，其中，以化学原料和化学制品制造业、非金属矿物制品业、黑色金属

① 2014年6月7日，国务院办公厅颁布了文件《能源发展战略行动计划（2014—2020年）》。

冶炼和压延加工业、有色金属冶炼和压延加工业为代表的高载能行业用电量增长6.1%，增速同比提高1.2个百分点，这进一步说明我国资源开采和初加工行业用电量增速较快，对于资源的利用效率不足；第三产业用电量10801亿千瓦时，同比增长12.7%；城乡居民生活用电量9685亿千瓦时，同比增长10.4%。三次产业及居民用电占全社会用电量比重依次为1.1%、69.0%、15.8%、14.1%，可见工业仍然是我国电力消耗最大的行业①。三次产业及居民用电比例如图3－5所示。

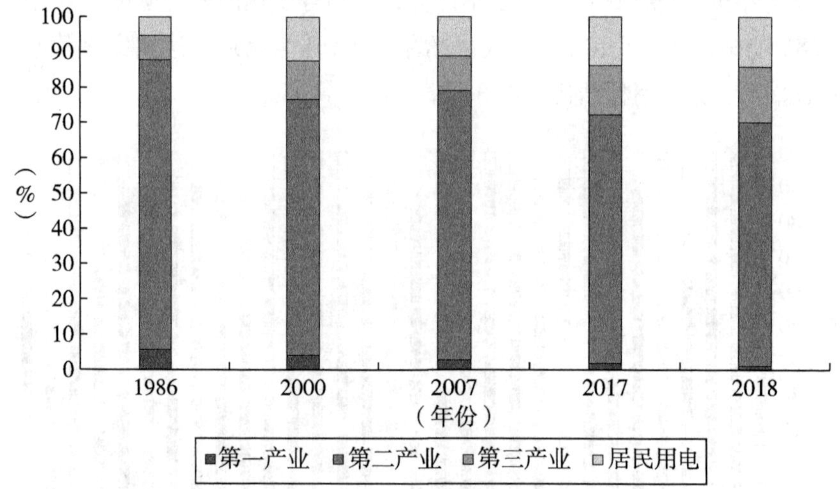

图3－5　三次产业及居民用电比例

数据来源：《中国电力年鉴》。

目前，对绿色经济仍未有确切公认的定义，国内各部门对绿色产业的边界界定并不统一，这就导致了绿色产业政策无法聚焦，存在泛绿化的现象。总体而言，我国绿色产业的发展还存在以下问题。第一，绿色产业的规模较小、市场竞争力较弱。以节能环保产业为例，2015年年底，节能环保产业总体规模较小，占GDP比重仅为3%。第二，产业集中度和规模效率低，规模为50人以下的小微企业在3万余家环保企业中占比高达92%。第三，绿色产业关键技术缺乏，技术储备和技术力量不足。第四，存在市场竞争秩序混乱现象。

---

① 相关数据来源于国家能源局官网。

3.1.2 地级市绿色经济增长测算

1. 测算方法

对绿色经济增长的测算，是本书的一大重点，也是一大难点。目前并没有公认的关于绿色经济增长的测算方法，但是在平衡经济产出的前提下尽可能提高能源环境的绩效，即在不损害经济增长的前提下尽可能减少对资源的消耗和污染物质的排放被普遍认为是实现绿色经济增长的重要方式（陈诗一，2012；王兵、刘光天，2015）。本书中绿色经济增长测算实现了对能源环境的度量。目前关于能源环境的度量，在新古典框架下，纳入资本、劳动等投入要素的能源环境全要素生产率的测算方法取得了学界的广泛认可。笔者将计算全要素生产率的测算方法，总结在表 3－1 中。基于 DEA 的 Malmquist 指数法除了样本必须包含多个对象和指标，不需要有关投入产出的价格信息，不需要行为假设，具有较强的适应性，计算简便，本书采取此方法。

表 3－1　全要素生产率的测算方法

<table>
<tr><th>具体</th><th>方法</th><th>提出者</th></tr>
<tr><td>指数法</td><td rowspan="2">计算一个生产单元在某一时期内的总产出与总投入的比率，然后将不同时期的这一比率进行比较，得出的新比率即为全要素生产率（指数法的种类很多，在此不一一列举）通过计算各省的生产率水平到技术前沿距离的相对变化来衡量经济个体的全要素生产率</td><td>Kendrick，Dennison，Jorgenson，Griliches（1967）</td></tr>
<tr><td>数据包络法（DEA）</td><td>Charnes，Cooper，Rhodes（1978）</td></tr>
<tr><td>DEA－Malmquist 指数法</td><td>根据 DEA 的基本思想确定生产前沿面，得出距离函数来度量相对率</td><td>Caves，Christensen，Diewert（1982）</td></tr>
<tr><td>索洛余值法</td><td>通过产出增长率减去劳动和资本的贡献后间接核算 TFP 的增长率</td><td>Solow（1957）</td></tr>
<tr><td>随机前沿分析法（SFA）</td><td>先估计出随机前沿生产函数中的待估参数，然后进行技术进步、技术效率、配置效率和规模效率的分解，最终测算出全要素生产率</td><td>Aigner，Lovell，Schmidt；Meeusen，Van den Broeck（1977）</td></tr>
<tr><td>代数指数法</td><td>通过产出数量指数与所有投入要素加权指数的比率来核算全要素生产率</td><td>Abramvitz（1956）</td></tr>
<tr><td>边界生产函数法</td><td>通过估算技术进步率与能力实现率，将技术进步率与能力实现率之和表示为全要素生产率</td><td>Farrell（1957）</td></tr>
</table>

本书采取这一测算方法的同时借鉴陈超凡（2016），周璇、陶长琪（2017）等人的经验，在传统的全要素生产率的基础上加入资源和环境的约束来测算绿色经济增长，这样将资源和环境因素纳入分析，既能有效解决全要素生产率测算中实际的生产效率被高估、测算结果出现偏差的问题（汪峰、解晋，2015），又契合了绿色发展观的要求（许冬兰、李丰云、吕朵，2016）。

环境生产技术是将能量因素作为生长因子纳入生产函数，形成既包括期望产出又包括非期望产出的生产可能性函数。假设每个决策单元使用 X 投入，可以得到 Y 期望产出和 B 非期望产出。其中，$X = (x_1, x_2, \cdots, x_n)$，$Y = (y_1, y_2, \cdots, y_m)$，$B = (b_1, b_2, \cdots, b_j)$。利用 I 省 T 期的投入和产出值 (x_t^i, y_t^i, b_t^i)，可以得出以下生产可行性集：$P_t(x_t) = \{(y_t, b_t): x_t\}$。其中，$t = 1, 2, \cdots, T$。如果该生产可行集满足以下条件：①闭集和有界集；②输入和输出是可以配置的；③非期望输出弱配置；④期望输出与非期望输出的零组合。则可以转换成：

$$P_t(x_t) = \begin{cases} z_t^i \geqslant 0, i = 1,2,\cdots,I \\ (y_t, b_t) \left| \sum_{i=1}^{I} z_t^i y_t^{im} \geqslant y_t^m, m = 1,2,\cdots,M \right. \\ \sum_{i=1}^{I} z_t^i b_t^{ij} = b_t^j, j = 1,2,\cdots,J \\ \sum_{i=1}^{I} z_t^i X_t^{in}, n = 1,2,\cdots,N \end{cases} \tag{3-1}$$

其中，z_t^i 是观测值的权重。

方向距离函数可以有效地解决非期望产出的效率评价问题，并计算生产可行性集的最优解。本书构造的方向距离函数如下：

$$\vec{D}_0(x, y, b; \boldsymbol{g}) = \max\{\boldsymbol{\beta}: (y, b) + \boldsymbol{\beta g} \in P(x)\} \tag{3-2}$$

其中，$\boldsymbol{g} = (y, -b)$ 表示输出水平扩展的方向向量，β 是方向距离函数值。

结合方向距离函数和 Chung 等人（1997）关于 t 期和 $t+1$ 期之间生产力变化的定义，构造了 $t+1$ 期的 Malmquist – Luenberger 指数：

$$ML_0^{t+1} = \frac{1 + \vec{D}_0^{t+1}(x^t, y^t, b^t; y^t, -b^t)}{1 + \vec{D}_0^{t+1}(x^{t+1}, y^{t+1}, b^{t+1}; y^{t+1}, -b^{t+1})} \tag{3-3}$$

在没有生产工艺限制的情况下，$ML^t \neq ML^{t+1}$。而且几何平均形式可以避免基准的偏差，因此上述公式变为：

$$ML_t^{t+1} = \sqrt{\frac{1+\vec{D}_0^t(x^t, y^t, b^t; y^t, -b^t)}{1+\vec{D}_0^t(x^{t+1}, y^{t+1}, b^{t+1}; y^{t+1}, -b^{t+1})} \times \frac{1+\vec{D}_0^{t+1}(x^t, y^t, b^t; y^t, -b^t)}{1+\vec{D}_0^{t+1}(x^{t+1}, y^{t+1}, b^{t+1}; y^{t+1}, -b^{t+1})}} \tag{3-4}$$

本书利用包含资源和环境约束的生产率指数来计算能源环境绩效，并将其定义为绿色经济增长（GTFP）。

2. 投入产出要素及来源说明

生产过程中包括投入要素和产出要素，具体的变量及说明如表 3-2 所示。

表 3-2　变量说明

变量	数据说明
物质资本存量（*K*）	采用永续盘存法进行估算。基期选择 2000 年，基期资本存量采用当年固定资产投资的 10 倍计算，资本折旧率采用 9.6%
劳动投入（*Labor*）	年末从业人员数
能源投入（*Energy*）	因为缺乏地级市能源消费的统计量，而电力消费水平和能源消费量具有较强的相关性（林伯强，2003），采用地级市电力消费数作为能源投入的衡量指标
国内生产总值（*GDP*）	按照 2000 年不变价格推导的历年实际数值
烟尘排放量（*Dust*）	地级市工业烟尘排放量。2011 年以前统计口径为烟尘排放量，2011 年以后的统计口径变为烟尘粉尘排放量，本书采用 2010 年烟尘排放占比对 2011 年以后的统计数据进行了处理，使口径可比
二氧化硫排放量（SO_2）	地级市工业二氧化硫排放量
废水排放量（*Waste Water*）	地级市工业废水排放量

（1）投入变量指标。投入变量包括物质资本存量、劳动投入、能源投入，同时将这些数据以 2000 年为基期进行了调整。

物质资本存量。采取永续盘存法进行测算：

$$K_{it} = I_{it} + (1-\delta)K_{i,t-1} \tag{3-5}$$

根据张军、吴桂英、张吉鹏（2004）的研究，折旧率为 9.6%；根据 Young 等人的研究，基期资本存量采用当年的固定资产投资的 10 倍进行计算。利用固定资产投资价格指数进行平减，因为缺乏地级市固定资产投资价格指数，采用省级固定资产投资价格指数进行平减。

劳动投入。采取年末从业人员数来表示。

能源投入。采取地级市电力消费数来表示。

(2) 产出变量指标。产出变量包括期望产出和非期望产出。

期望产出。用 *GDP* 来衡量，*GDP* 为按照 2000 年不变价格换算的国内生产总值。

非期望产出。包括地级市工业烟尘排放量、二氧化硫排放量、废水排放量。

3. 结果分析

本书使用 MATLAB 来测算我国 285 个地级及以上城市绿色经济增长水平①，鉴于篇幅原因，具体的计算结果不在此列出②。

2004—2016 年地级市绿色经济增长的总体走势如图 3-6 所示。

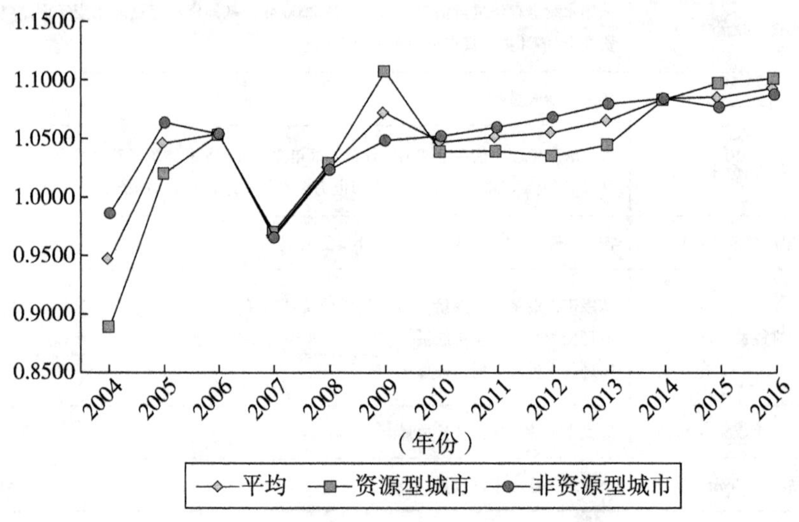

图 3-6 地级市绿色经济增长的总体走势

从时间演变来看，2004—2016 年我国地级市绿色经济增长总体上呈现出增长趋势，且资源型城市和非资源型城市之间的差距整体上逐渐缩小。2004 年资源型城市的绿色经济增长仅为 0.8881，到 2016 年已经高达 1.1017，而非

① 本书出版过程中，其数量有所变化。

② 测算绿色经济增长采用的是能源环境绩效指数，而能源环境绩效指数为环比指数，所以在后文的计量模型分析中，参照李江龙、徐斌（2018），邵帅、范美婷、杨莉莉（2013）等相关文献的做法将 2003—2004 年的绿色经济增长定义为 2004 年的指数，以此类推。

资源型城市的绿色经济增长也由 2004 年的 0. 9858 增加到 2016 年的 1. 0881。而 2004 年资源型城市与非资源型城市绿色经济增长之间的差异为 0. 0977，到 2016 年资源型城市的绿色经济增长甚至还高出非资源城市绿色经济增长 0. 0136。

从周期波动来看，我国绿色经济增长呈现出明显的周期波动。从图 3 －6 中可见，我国城市绿色经济增长大致可以分为 2004—2007 年、2007—2010 年、2010—2014 年、2014—2016 年几个周期，整体上在周期内绿色经济增长有所上升，但期末则出现下降。这可能与我国官员的政绩考核体系有关。官员在任内多注重政绩，特别是近些年来国家对于绿色环保越来越重视，因此我国绿色经济增长呈现出这种随官员任期周期波动的现象。

为了从时间变迁的动态角度以及空间区划的角度衡量绿色经济增长的情况，笔者绘制了地级市层面的绿色经济增长政区图，对比分析 2004 年和 2016 年的情况可知：①我国地级市层面的绿色经济增长呈现上涨趋势，2004 年绿色经济增长水平超过 1. 0684 的仅有寥寥几个城市，呈现点状分布的格局，但是到 2016 年绿色经济增长水平超过 1. 0684 城市增加较多，呈现片状、面状分布的格局；②绿色经济增长水平呈现出显著的区域差异，东部地区的相对较高，西部地区相对较低。在 2004 年，有 79 个城市因为绿色经济效率的提高而实现增长，还有 71 个城市因为绿色技术进步与绿色经济效率的同时提升而实现绿色增长；有 23 个城市出现绿色经济增长的下降，其中有 18 个城市因为绿色技术进步下降而出现绿色经济增长下降，有 2 个城市因为绿色技术效率下降而出现衰退，还有 3 个城市同时出现绿色技术进步与绿色技术效率的下降。到 2016 年，绿色经济增长下降的城市个数减少为 15 个，而这 15 个城市中，有 6 个城市是绿色技术效率下降而导致绿色经济增长下降，有 3 个城市是绿色技术进步下降而导致绿色经济增长下降，还有 6 个城市同时受到绿色技术效率下降和绿色技术进步下降的影响；有 161 个城市因为绿色技术进步而实现了增长，有 73 个城市因为绿色技术效率提高而实现了增长，还有 36 个城市同时实现了绿色技术进步与绿色技术效率增长。

由此可知：绿色技术进步的提高对 GTFP 的提高起到了重要作用。绝大多数城市因为绿色技术进步实现了绿色经济增长提升，但是同时不能忽视绿色技术效率短板给绿色经济增长带来的影响，要想实现 GTFP 增长，必须同时发挥技术进步与技术效率的作用。

3.2 产业结构转型升级的现状及测算

3.2.1 中国产业结构转型升级的现状

1. 中国产业结构转型升级的成效

（1）第二产业比重加速下降，第三产业比重加速上升。

从三次产业产值占比来看，第三产业已成为主导产业，截至2017年年底，第三产业占GDP比重已达56.6%，第二产业占GDP比重已至40.5%。第三产业产值占比自2011年迅速上升，2011—2017年平均增速达2.40%，2001—2010年仅为0.70%；第二产业产值占比在1978—1990年有所下降，但1991—2000年、2001—2010年比重增加，平均增速分别为0.96%、0.36%，2011年后迅速下降，2011—2017年平均降速为1.82%。由此可见，1978—1990年，第一、第二产业比重均下降从而导致第三产业比重迅速上升；1991—2010年，第二、第三产业比重均不断上升，但第三产业快于第二产业，该情况主要是第一产业占比迅速下降所致；2011—2017年，第三产业比重上升主要是第二产业比重下降所致，产业结构不断优化。我国三次产业产值及占比如图3-7所示。

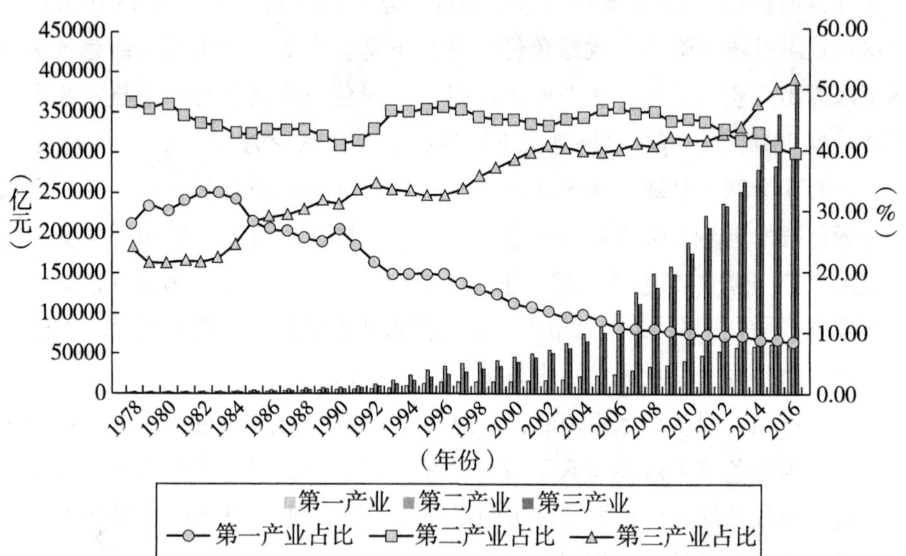

图3-7 我国三次产业产值及占比

数据来源：《中国统计年鉴》。

（2）三次产业劳动力结构趋优，第三产业劳动力比重上升。

从我国三次产业劳动力构成来看，自 1978 年起，第一产业劳动力比重不断下降，第三产业劳动力比重不断增加。就第二产业劳动力比重而言，1978—2010 年整体不断增加，2010 年年底占比为 28.7%，自 2011 年才有所下降，但下降幅度较小。截至 2017 年年底，三次产业劳动力占比分别为 27%、28.1%、44.9%。1978—2017 年我国三次产业就业人员比重如图 3－8 所示。

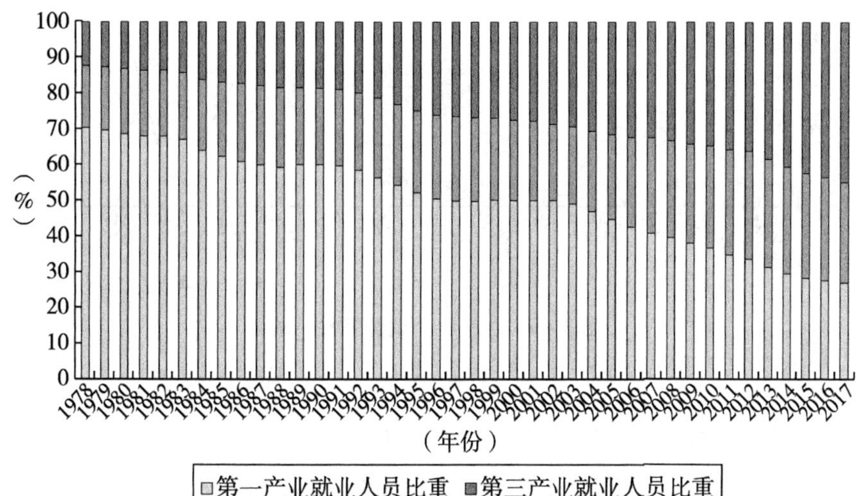

图 3－8　1978—2017 年我国三次产业就业人员比重

数据来源：《中国统计年鉴》。

（3）以大数据为代表的新技术产业发展迅速，推动产业结构优化升级加速。

2015 年以来，我国大数据产业规模不断扩大。根据《2016 年中国大数据交易产业白皮书》的记录，2015 年大数据产业规模为 1692 亿元。中国大数据市场产值也呈现逐年增长的趋势。以互联网、大数据为代表的新兴技术正改变着传统生产方式、商业模式等，不断引领着我国产业结构调整。

（4）电力消耗弹性系数低于 1，产业结构趋向高级化。

电力消耗弹性系数指电力消费增长速度与国民经济增长速度的比值。一般认为，当经济发展处于工业化初期或产业结构趋于合理化阶段时，电力消耗弹性系数呈现大于 1 的趋势；当经济发展基本保持原来的产业结构和原有技术水平，电力消耗弹性系数保持等于 1 的趋势；当产业结构由合理化向高级化转变时，电力消耗弹性系数会呈现小于1的趋势。从图3－9可以看出2012—2017年，我国电力消耗弹性系数基本保持小于1的水平，进一步验证了产业结构逐步趋于高级化。

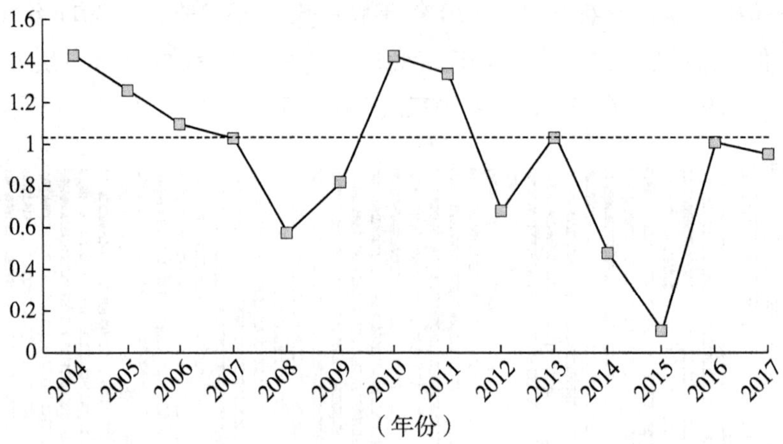

图3－9　中国电力消耗弹性系数

数据来源：《中国统计年鉴》。

2. 中国产业结构转型升级中存在的问题

（1）三次产业之间及各产业内部结构仍不合理。

改革开放以来，我国不遗余力地推进产业结构的转型升级，也取得了显著的成效。但是我国三次产业之间以及各产业内部结构与发达国家仍存在差距，需进一步完善。

第一，我国三次产业结构需进一步优化。从产值方面来讲，我国第一产业、第二产业占比仍高于发达国家，第三产业占比低于发达国家；从劳动力占比来讲，我国第一产业劳动力占比仍远高于发达国家，第三产业劳动力占比为美国的半数。从三次产业比较劳动生产率①（见图3－10）来讲，我国第一产业的比较劳动生产率较为稳定，但是第二产业和第三产业的比较劳动生产率的波动较大。1978—1992年，三次产业的比较劳动生产率差距整体上不断缩小，但是1992—2007年，三次产业间的比较劳动生产率差距又突然扩大，这说明我国经济增长中仍然存在显著的二元结构，产业结构的总体效益

① 比较劳动生产率是指行业产值占总产值的比重与行业就业人数占总就业人数的比重。它反映该部门1%的劳动力所生产的产值在整个国民总产值中的比重。

还处于低水平阶段①。

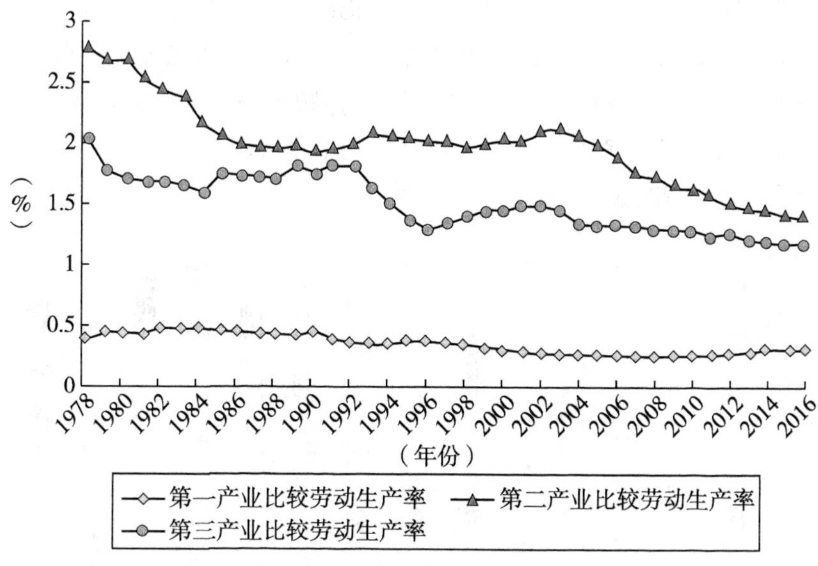

图 3－10 三次产业比较劳动生产率

数据来源：根据《中国统计年鉴》中相关数据测算得出。

第二，三次产业内部均存在结构性矛盾。从第一产业来讲，我国面临着区域布局不合理的问题。我国农产品加工业产值与农业产值之比为 2.2∶1，而发达国家这一比例一般为 3.4∶1，仍有不小差距②。从第二产业来讲，我国第二产业总量的扩展，掩盖不了我国在全球产业价值链中低端的现状，产业创新能力整体水平不高，导致钢铁、煤炭等行业出现产能过剩而高技术含量、高附加值的产品短缺。从第三产业来看，我国第三产业增加值占 GDP 的比重在 2015 年之后才超越 50%，之前一直处在 30% ~40% 的区间内，与发达国家的 70% 相比，仍差距极大。

（2）产业发展模式粗放，污染问题日益突出。

我国三次产业发展模式仍然较粗放，主要表现为重工业用电占工业用电比重持续保持较高水平。自改革开放以来，我国火力发电占比均在 70%

① 邹东涛，欧阳日辉．中国经济发展和体制改革报告 No. 1：中国改革开放 30 年（1978—2008）［M］. 北京：社会科学文献出版社，2008.

② 林杉．国办：2020 年农产品加工业产值要 2 倍与农业产值［EB/OL］.（2017－01－02）［2020－06－07］. http：//www. xinhuanet. com/fortune/2017－01/02/c_1120229572. htm.

以上，2017 年年底，火力发电占比 73.5%。从用电结构看，第二产业用电量占比在 2011—2017 年下降了 4.5%，但仍维持在 70% 以上；除 2005 年，工业用电量占第二产业用电量比重保持在 98% 以上；重工业用电量占工业用电量比重在 2003—2010 年整体上增加，2010 年年底占比为 83.2%，2011—2017 年，均在 83% 左右。三次产业用电量占比如图 3－11 所示，第二产业相关用电量情况如图 3－12 所示。

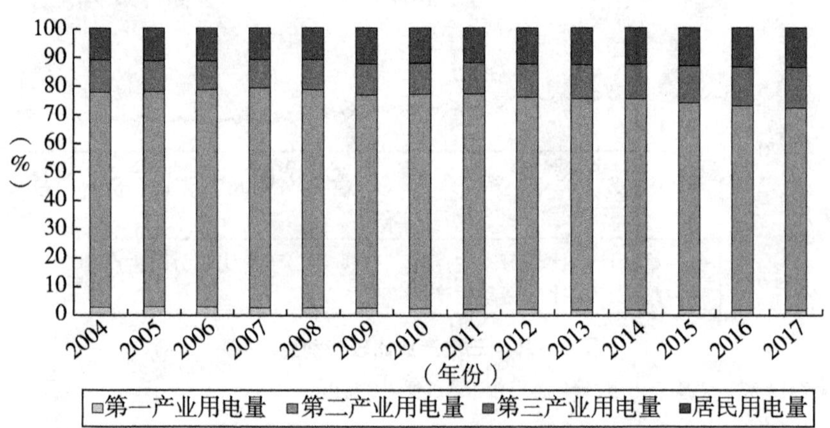

图 3－11　三次产业用电量占比

数据来源：《中国电力年鉴》。

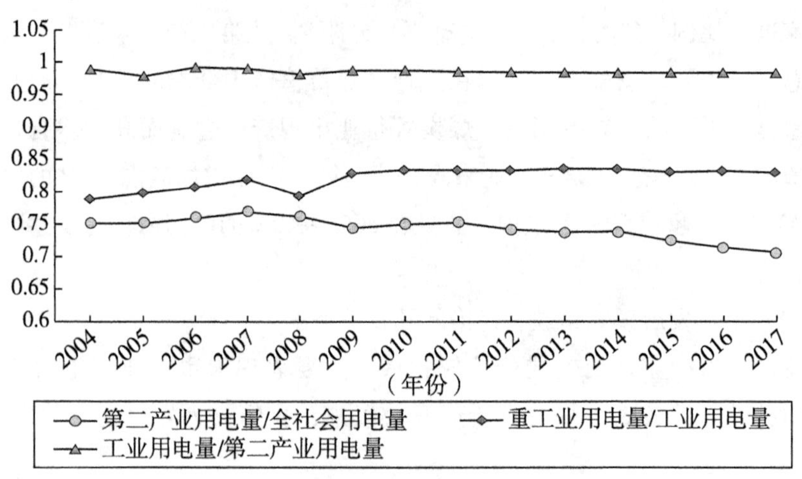

图 3－12　第二产业相关用电量情况

数据来源：根据《中国电力年鉴》相关数据计算。

3.2.2　地级市产业结构测算

1. 测算方法

产业结构转型升级包括产业结构的合理化、产业结构的高级化以及两者的统一，鉴于此，测算产业结构时采用了熵权法将产业结构合理化和产业结构高级化进行统一。

（1）产业结构合理化。

产业结构合理化是指促进生产要素在产业间合理配置，从而实现产业结构与资源供给结构、技术结构、需求结构相适应。其最为常见的衡量指标是产业结构偏离度，但是它并不能对产业结构变化进行细致刻画（干春晖、郑若谷、余典范，2011），容易导致对产业结构效应的低估（吕铁，2002）。一般采用干春晖等人（2011）构建的泰尔指数来衡量，具体公式如下。

$$T_h = \sum_{i=1}^{3} \frac{Y_i}{Y} \ln\left(\frac{\frac{Y_i}{Y}}{\frac{L_i}{L}}\right) \tag{3-6}$$

其中 Y_i 表示第 i 产业的产值，Y 表示所有产业总产值，L_i 表示第 i 产业的从业人员，L 表示总从业人员。

依照这一方法测算出来的 T_h 的系数越小表示产业结构越合理，是一个负向指标。为了测算便利，本书对这一指标取倒数，用倒数指标来表示产业结构合理化，具体如下。

$$Ind_h = 1/T_h \tag{3-7}$$

（2）产业结构高级化。

产业结构高级化是指产业结构的重心从第一产业向第二产业和第三产业转移的过程。一般用李逢春（2012）构建的各个产业产值比重的加权值作为产业结构高级化的衡量指标，但是由于三次产业的产品价格黏性有差异，三次产业的通胀率也有较大差异，使用产值占比来衡量产业结构会出现较大偏差，而采用劳动力份额的变化来衡量则能在较大程度上克服这一问题（Herrendorf 和 Schoellman），所以本书在李逢春（2012）的基础上，用三次产业劳动力份额来替代产值，具体公式如下。

$$Ind_g = \sum_{i=1}^{3} i \frac{L_i}{L} \tag{3-8}$$

其中 L_i 为第 i 产业的劳动力份额，L 为总劳动力份额，$1 \leqslant Ind_g \leqslant 3$，$Ind_g$ 越接近于1，说明 i 地区的产业结构发展层次越低，Ind_g 越接近于3，说明 i 地区的产业结构发展层次越高。

（3）产业结构转型升级（Ind_{up}）。

一般来讲，产业结构转型升级应该包括三个方面，产业结构的合理化、产业结构的高度化、产业结构合理化和高级化的统一。但是关于产业结构转型升级的研究中，学者们因为研究的侧重点不同，在选取产业结构转型升级的衡量指标的时候，也各有侧重，比较普遍的是用第二、第三产业生产总值占GDP的比重或者使用第三产业劳动人口占劳动总人口的比重来衡量（刘岳涉、魏红洋，2015；陈静、叶文振，2003）。上述指标虽然没有脱离配第—克拉克定律，但是仅仅描述了产业结构的变动，并不能很好体现产业结构的优化和升级（付凌晖，2010）。所以在分析中，不应该只是单独设立产业结构合理化或者高级化系数，而应该将这些统一起来，这样才能全面反映产业结构优化和升级。有些学者注意到了产业结构优化和升级的统一，但是其在分析中直接使用简单算术平均，这种方法虽然包含两者相统一的意思，却没有反映出产业结构合理化是产业结构高级化的基础，脱离了产业结构合理化的基础，形成的产业结构高级化只能是虚高的。所以两者不应是简单的算术平均，本书采用熵权法来确定两者的权重，将产业结构合理化和高级化统一起来。

2. 结果说明

从产业结构合理化和产业结构高级化的平均水平来看，我国产业结构合理化水平变化比较平稳，在2008、2009年略有上升，后续基本保持平稳态势；而产业结构高级化在2013—2016年增长速度比较快。我国基本完成产业结构合理化建设，逐步由产业结构合理化阶段向产业结构高级化阶段转变。这一结论也得到我国电力消耗弹性系数基本小于1的现实情况的证明。2004—2016年地级市平均产业结构合理化与高级化水平如图3－13所示。

从产业结构转型升级的角度来看，我国产业结构转型升级存在显著的地域差异。东南沿海地区、山东、河北、辽宁大连等地区的产业结构转型升级水平比较高，西部地区、黑龙江、内蒙古等地区的产业结构转型升级水平比较低。

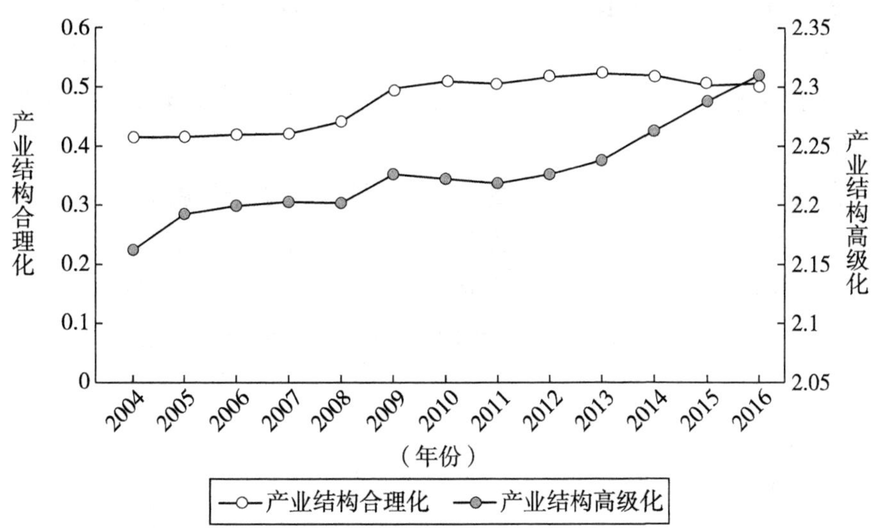

图 3－13　2004—2016 年地级市平均产业结构合理化与高级化水平

3.3　中国资源禀赋状况及测算

3.3.1　中国自然资源禀赋状况

1. 我国自然资源储量大，但是地区分布不均衡

自然资源是经济增长的要素之一。尽管现阶段国民经济对自然资源的依赖不断弱化，但是在工业化进程中，自然资源仍然对经济增长起着重大作用。如美国、德国等国的工业快速增长阶段都曾得益于自然资源。

我国煤、铁、天然气、有色金属等重要自然资源的储量都居世界前列，自然资源形成的资本占国民财富的比重超过了 5%。根据《中国矿产资源报告 2018》，2017 年，我国煤炭、黑色金属矿产和主要非金属矿产的查明资源储量均有所增长，但增速有所放缓，这与我国经济阶段转变对能源矿产的供应提出的新要求息息相关。

但是我国自然资源储量的地区分布不均衡。从区域分布来看，我国自然资源主要分布在中西部地区，东部地区储量较少；从省级分布来看，山西、陕西、内蒙古、新疆等地自然资源丰富，北京、上海等地自然资源匮乏。

2. 能源生产总量持续增长，煤炭生产总量仍占绝对比例

从能源生产总量来看，我国一次能源生产总量增长趋势依旧，但是2016年出现了高速下降，尽管2017年有所回升，但仍低于2014年、2015年的产量。

从能源生产的结构来看，水电、核电、风电等清洁能源的生产比例逐渐增长，天然气的比重整体上不断提高，原煤和原油产量占比有所下降。但是历年原煤生产量占一次能源生产总量的比重依旧高达70%，我国能源生产仍旧是以不可再生的煤炭资源为主。全国一次能源生产结构变化趋势如图3－14所示。

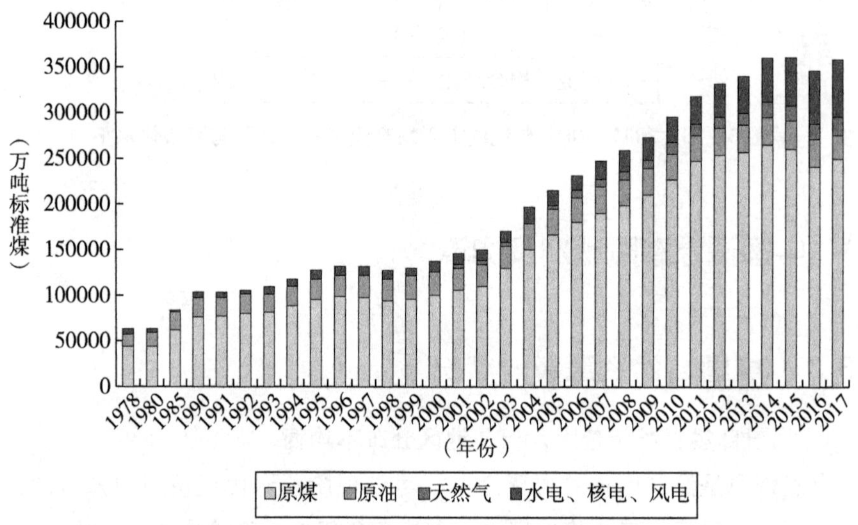

图3－14 全国一次能源生产结构变化趋势

数据来源：《中国统计年鉴》。

3.3.2 地级市资源依赖度测算

1. 测算方法

目前在资源诅咒问题的分析中，对于自然资源禀赋水平的度量一直是学界争论的一个焦点问题。邵帅、杨莉莉（2010），孙永平、叶初升（2012）等认为已有的度量指标可以分为两种：一种是资源丰裕度指标，另一种是资源依赖度指标。具体的定义和度量方法如表3－3所示。

表3-3　资源丰裕度和资源依赖度指标的对比

指标	定义	度量方法
资源丰裕度	一国或地区各类自然资源的丰富程度，或者说可利用于社会经济发展的自然资源的数量（邵帅、杨莉莉，2010）	绝对资源储量 地均资源占有量 人均资源拥有量（孙永平、叶初升，2012） 人均原煤产量（邵帅、杨莉莉，2010）
资源依赖度	又叫资源产业依赖度，一国或地区经济对于自然资源生产的依赖程度（邵帅、杨莉莉，2010）	初级产品部门就业比重（Gylfason） 初级产品部门产值占GDP比重（Sachs和Warner，2001） 采掘业固定资产投资占固定资产投资总额的比重（徐康宁、王剑，2006） 资源行业总产值与GDP的比重（孙永平、叶初升，2012） 采掘业从业人数占总从业人数的比重（邵帅、杨莉莉，2010）

这两种指标在资源诅咒的实证分析中经常混用，实际上，资源丰裕度与资源依赖度有一定的相关性，资源丰裕的地区确实更容易产生资源依赖（邵帅、杨莉莉，2010）；但这并不是绝对的，资源丰裕地区并非一定会产生资源依赖问题，而资源贫瘠的地方，也有可能会产生资源依赖①。在衡量资源禀赋变量的时候资源丰裕度和资源依赖度的混用甚至是资源诅咒命题验证出现完全不同结果的原因之一，这也是学界对于资源诅咒命题质疑的重要原因。为保证研究的科学性，必须将资源丰裕度和资源依赖度进行区分。资源丰裕度并不受到人类活动的影响，反而是资源依赖度，可以因为地区产业结构转型、经济驱动要素的转变而变化，是资源型经济转型升级的一个重要标志（孟明、牛东晓、许晓敏，2016）。刘易斯在《经济增长理论》一书中提出人均产出的增长一方面取决于可利用的自然资源，另一方面取决于人的行为，而他更多关注的是人的行为。笔者基于刘易斯的这一观点，认为自然资源不应该成为资源诅咒的源泉，是人类在利用自然资源的过程中不当的行为造成了资源诅咒。换言之，自然资源本身并不是一种罪恶，罪恶之源在于人类对资源产生的依赖。因此本书采用了资源依赖度（地级市采掘业从业人数占全总从业人数的比重）作为资源禀赋的衡量指标。

① 资源丰裕地区没有出现资源依赖的案例较多，但是并不意味着资源贫瘠地区就不会产生资源依赖，Coxhead在2007年的研究中证明塞内加尔和多哥这种资源贫瘠的地区，也会因为对初级产品的依赖，造成资源诅咒。

2. 结果分析

从地级市平均资源依赖度的分布来看，我国地级市资源依赖度呈现出中西部、东北多，东南少的空间分布格局。我国平均资源依赖度最高的十个城市为七台河市、淮北市、克拉玛依市、阳泉市、晋城市、淮南市、东营市、六盘水市、大同市、鹤岗市，主要集中在东北、山西、安徽、山东等地区。而平均资源依赖度最低的十个城市分别为嘉兴市、南昌市、宁波市、上海市、无锡市、泰州市、廊坊市、中山市、揭阳市、资阳市，主要分布于江苏、浙江、广东等地。

从空间分布来看：资源依赖的总体分布格局并没有发生大的变化，依旧是集中于中西部和东北地区。从时间演变来看，从 2004 年到 2016 年，资源依赖度总体不断减弱。2004 年资源依赖度最高的七台河市的资源依赖度达到 0.5813%，而到 2016 年资源依赖度最高的阳泉市的资源依赖度为 0.4291%。相比 2004 年，资源依赖度有明显减小，这与我国不遗余力地推进资源型城市可持续发展有重要关系。从 2007 年到 2018 年国务院颁布的文件中有三个文件明确提到资源型城市的可持续发展或者转型升级，发改委颁布了两个文件支持资源型城市的转型升级①。

3.4 本章结论

本章对我国绿色经济增长、产业结构和资源禀赋的情况进行了简要分析，分别采用了 DEA - Malmquist 指数法、产业结构的三个维度、采掘业从业人数占总从业人数的比重对 2004—2016 年 285 个地级及以上城市的绿色经济增长、产业结构、资源依赖度进行了测算。

从绿色经济增长测算结果，可以得出如下结论：①我国地级市绿色经济增长总体上呈现出周期波动的增长趋势，资源型城市的绿色经济增长水平弱于非资源型城市，但是二者之间的差距逐渐缩小；②绿色技术进步的提高对

① 这些文件分别是国发〔2007〕38 号文件《国务院关于促进资源型城市可持续发展的若干意见》、国发〔2013〕45 号文件《国务院关于印发全国资源型城市可持续发展规划（2013—2020 年）的通知》、国发〔2017〕42 号文件《国务院关于支持山西省进一步深化改革促进资源型经济转型发展的意见》、发改振兴规〔2016〕1966 号《关于支持老工业城市和资源型城市产业转型升级的实施意见》、发改振兴〔2017〕671 号文件《关于支持首批老工业城市和资源型城市产业转型升级示范区建设的通知》。

地级市绿色经济增长起到了重要作用。

从产业结构合理化、产业结构高级化、产业结构转型升级三个维度对我国 285 个地级及以上城市的产业结构水平进行了测算，结果发现：①从产业结构合理化和产业结构高级化的平均水平来看，我国产业结构合理化水平变化比较平稳，而 2013—2016 年产业结构高级化的增长速度比较快，我国基本完成产业结构合理化建设，逐步由产业结构合理化阶段向产业结构高级化阶段转变；②我国产业结构转型升级存在显著的地域差异。

从我国地级市层面的资源依赖度的测算结果发现：①从空间分布来看，资源依赖的总体分布格局并没有发生大的变化，依旧是集中于中西部和东北地区；②从时间演变来看，从 2004 年到 2016 年，资源依赖度总体不断减弱。

第四章　资源依赖度与绿色经济增长关系研究——资源诅咒的再度量

4.1　问题的提出

从文献综述的研究可知，目前关于自然资源与绿色经济增长之间的关系仍未有定论，现实中自然资源祝福与自然资源诅咒同时存在的现象让人不得不认同：资源依赖度与经济增长之间确实呈现出非线性的关系。但是在地级市层面上这种非线性关系是否存在还有待于进一步证明。

为了对资源依赖度与绿色经济增长之间的关系进行初步判定，本书将2004—2016年我国地级市层面的资源依赖度（采掘业从业人数占总从业人数比重）的年均值作为横轴，绿色经济增长水平的年均增长率作为纵轴，绘制出二者的散点拟合图，如图4－1所示。从图4－1中可以看出，资源依赖度小于0.15的区间，资源依赖度与绿色经济增长呈现正相关关系；资源依赖度大于0.15左右的区间，资源依赖度与绿色经济增长呈现负相关关系。

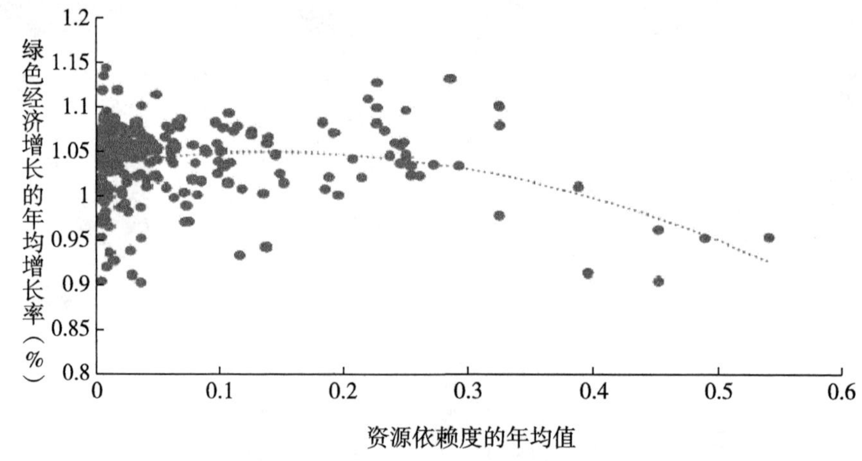

图4－1　地级市层面平均资源依赖度与绿色经济增长的散点拟合

基于此，提出假说4－1：地级市层面资源依赖度与绿色经济增长呈现倒U形关系。

为了充分度量资源禀赋不同的地区，产业结构、资源依赖度与绿色经济增长之间的关系，本书对我国285个地级及以上城市进行样本划分。有学者采用采掘业从业人数占总人数的比重进行划分，也有学者采用以GDP为基础的度量指标进行划分，但是这些方法容易受到总人数、经济发展程度的影响而出现部分度量结果失真的问题。比如，对于资源丰裕且人口众多的城市来讲，以采掘业从业人数占总人数的比重进行度量，庞大的总人数会将从事采掘业的人口数量的相对比重缩小，从而使该地在统计语境下落入资源贫乏的地区（李江龙、徐斌，2018）。同样，以GDP为基础的度量指标则会将经济发展水平相对较高同时资源也较为丰裕的地区度量为资源贫乏的地区（方颖等，2011）。本书为了简化分析，结合《全国资源型城市可持续发展规划（2013—2020年）》对地级市资源型城市的划分以及本书研究的样本，将285个地级及以上城市分为资源型城市和非资源型城市①。资源型城市一共113个，占本研究样本的39.65%，具体的划分结果详见附录。如无特别说明，后文中的划分也如此。分别将2004—2016年资源型城市和非资源型城市的资源依赖度（采掘业从业人数占总从业人数比重）的年均值作为横轴，相对应的绿色经济增长的年均增长率作为纵轴，绘制出散点拟合图，资源型城市的如图4－2所示，非资源型城市的如图4－3所示。

从图4－2可知，资源型城市的资源依赖度小于0.2的区间，资源依赖度与绿色经济增长之间呈现正相关关系，资源依赖度大于0.2的区间，资源依赖度与绿色经济增长之间呈现出负相关关系。

基于此，提出假说4－2：对于资源型城市，资源依赖度与绿色经济增长呈现倒U形关系。

从图4－3可知，非资源地区的平均资源依赖度与绿色经济增长之间呈现出负相关关系，资源依赖度越高，绿色经济增长水平相对越低。

基于此，提出假说4－3：对于非资源型城市，资源依赖度与绿色经济增

① 鉴于本书研究的自然资源仅包括煤炭、石油、天然气等经过长期使用将会枯竭且不可再生的能源矿产资源，不包括土地、森林、草原等资源，而《全国资源型城市可持续发展规划（2013—2020年）》中对资源型城市的划分有部分属于森林城市，虽然存在部分失真的问题，但为了便于分析，本书采用了采掘业从业人员占总从业人数的比重对这一类城市进行划分。

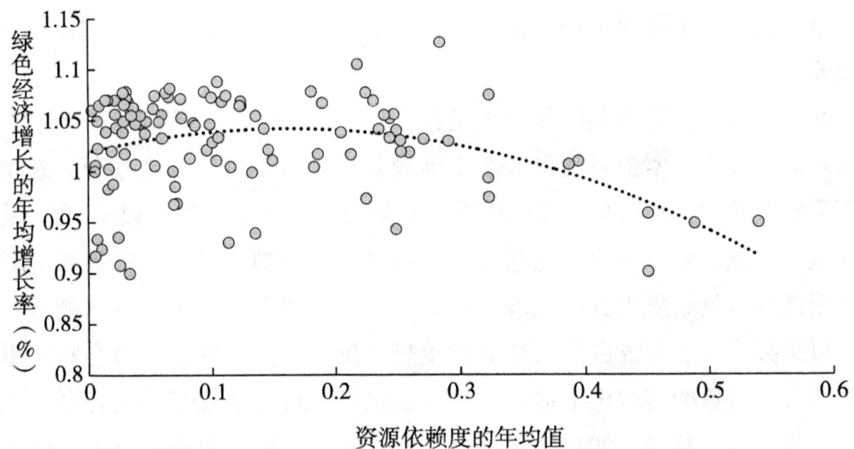

图4-2　资源型城市平均资源依赖度与绿色经济增长的散点拟合

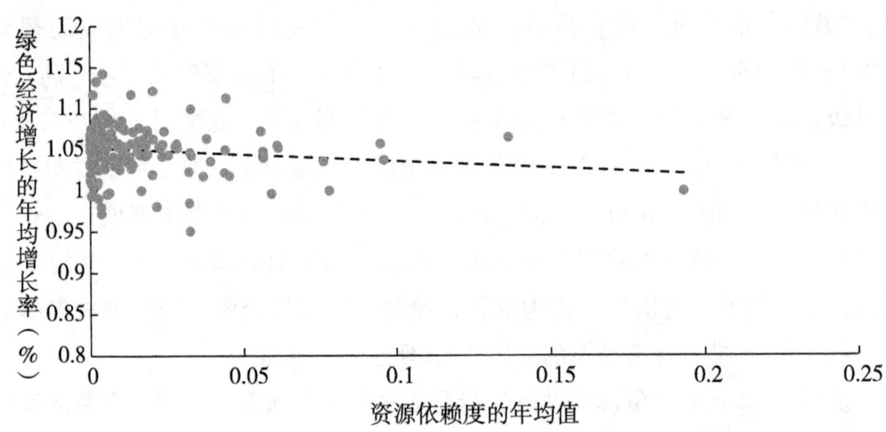

图4-3　非资源型城市平均资源依赖度与绿色经济增长的散点拟合

长呈现负相关关系。

本章余下部分将主要针对上述三个假说的验证展开。

4.2　模型设定

从前面的分析可知，目前关于资源诅咒的研究存在以下问题。

第一，随着资源诅咒研究的拓展，资源诅咒的内涵也随之发生延伸，不再局限于早期学者们关于自然资源与经济增长速度关系的研究（Coxhead，2006；丁菊红、邓可斌，2007），研究被扩展到对资源开发带来的环境（鲁金平，2009；齐义军，2012）和社会问题（赵奉军，2006；赵伟伟、白永秀，2009）的研究。但是鲜有学者将资源开发对可持续发展的影响考虑在资源诅咒的研究中。随着我国经济由高速增长阶段转向高质量发展阶段，不再单纯追求经济增长的速度，转而重视经济发展的质量，从高质量发展角度来衡量资源诅咒显得很有必要。有部分学者认为TFP刻画了经济发展的效率（邵帅、范美婷、杨莉莉，2013），可以用来衡量绿色经济增长进而展开相关资源诅咒的研究。TFP虽然能够描述经济增长的效率，但并不能衡量经济增长中对资源的消耗和对环境的污染，特别是随着经济活动中可利用资源的紧缺以及日益严峻的环境问题，实现资源节约、环境友好和经济高质量的协调发展成为重中之重（Zhang等，2018），更加需要探索合理的指标。

第二，关于资源诅咒的研究大多忽视了区域空间的相互关系，无法对空间样本之间的交互效应予以控制。这一问题近几年来才开始得到学界的关注。刘玉萍（2014）、王思博（2017）在研究西部地区发展中的资源诅咒问题时，将西部各省的空间关联性加入研究中，证明了空间因素在西部资源诅咒中的重要作用。有学者将研究范围扩展到整个省级层面，杨莉莉、邵帅、曹建华（2014）与洪开荣、侯冠华（2017）将地理空间效应纳入我国省级资源诅咒现象及其传导机制的分析，并证明了在考虑经济增长空间相关后，资源诅咒在我国省级层面依然存在。刘宗飞、姚顺波、刘越（2015）的研究更进一步，在空间分析的基础上又进行了不同时间的划分。徐晓亮、程倩、车莹（2017）虽然没有采用空间计量模型来分析，但是他们的研究纳入空间分析理念，他们还分别从时间、区域以及时空结合的角度对资源诅咒进行深入研究。但是上述研究主要集中在我国省级层面研究中，对地级市层面的空间研究还比较欠缺。

第三，忽略产业结构在资源诅咒中的作用。产业结构演进带来的结构效应是经济增长的重要源泉，但是对自然资源的开发极易使地区的产业结构单一化，将地区产业固化在资源行业，阻碍产业结构的演进，使产业结构无法发挥对经济增长的结构效应。但是在多数资源诅咒传导机制的研究中，产业结构被直接忽略了。

鉴于此，本章用绿色经济增长取代经济增长速度来衡量地区经济情况；在分析方法上，采取了空间计量模型的方法来对地级市层面资源诅咒问题进行再验证，同时将产业结构与技术创新等其他因素一并纳入分析。

根据前文提出的假说，结合Sachs和Warner（1995）提出的资源诅咒的

经典验证模型，提出如下模型。

$$GTFP_{n,t} = \alpha_0 + \rho\omega_{n,t}GTFP_{n,t-1} + \alpha_1 RD_{n,t} + \beta_i X_{n,t} + \theta_1\omega_{n,t}RD_{n,t} + \theta_i\omega_{n,t}X_{n,t} + \mu_{n,t} + \gamma_{n,t} + \varepsilon_{n,t} \quad (4-1)$$

$$GTFP_{n,t} = \alpha_0 + \rho\omega_{n,t}GTFP_{n,t} + \alpha_1 RD_{n,t} + \alpha_2 RD^2_{n,t} + \beta_i X_{n,t} + \theta_1\omega_{n,t}RD_{n,t} + \theta_1\omega_{n,t}RD^2_{n,t} + \theta_i\omega_{n,t}X_{n,t} + \mu_{n,t} + \gamma_{n,t} + \varepsilon_{n,t} \quad (4-2)$$

其中，模型4－2是在模型4－1的基础上引入了资源依赖度的二次方项。模型4－1用来检验非资源型城市的情况，模型4－2用来检验地级市总体和资源型城市的情况。模型4－1与模型4－2表示了集合的整体情况。在下文中，$GTFP_{i,t}$为被解释变量，表示i地区在t年的绿色经济增长水平；$RD_{i,t}$为核心解释变量，表示i地区在t年的资源依赖度；$X_{i,t}$为控制变量，是产业结构、技术创新、制造业水平、对外贸易、物质资本投资、人力资本、制度质量等指标的集合，i为所度量的地级市，t为所度量的年份；α_0、α_1、α_2、β_i、ρ均为待估参数。

4.3 变量说明

1. 被解释变量

GTFP 采用第三章中测算的绿色经济增长的结果来表示。

2. 核心解释变量

RD 采用采掘业从业人数占总从业人数的比重来衡量。

3. 控制变量

（1）产业结构（*Ind*）。

为了充分度量我国现阶段产业结构合理化、产业结构高级化对绿色经济增长的作用，在计量分析中，分别使用了产业结构转型升级（Ind_{up}）、产业结构合理化（Ind_h）和产业结构高级化（Ind_g）。

（2）技术创新（*Inn*）。

技术创新采用科学技术支出占财政支出的比重表示。内生增长理论将技术创新视为经济增长的源泉。中共十八大提出实施创新驱动发展战略。经济增长质量的提高也需要创新的驱动，因此采用科学技术支出占财政支出的比重来衡量地区重视科技程度。

（3）环境规制（*Reg*）。

用环境治理投资总额占 GDP 的比重来衡量。环境规制对于清洁能源的使用以及相关技术创新的开展具有重要作用，对于提高绿色经济效率有重要意义。

（4）对外贸易（*Tra*）。

用外商直接投资占 GDP 的比重来表示。外商直接投资可以产生技术扩散效应、示范模仿效应、竞争效应、产业关联效应，并促进人力资本自由流动，从而显著提高被投资地区的生产效率。

（5）人力资本（*Hum*）。

用中等学校在校学生人数/总人口数来表示。考虑到我国高等教育机构的分布和高级人才流动性问题，这里衡量人力资本采用的是中等学校在校学生人数占总人口数的比重。人力资本是影响经济增长最活跃的因素，人力资本的积累有助于经济增长的长期稳定，在古典经济增长理论和新经济增长理论中，人力资本都对经济增长起着重要作用。

（6）制度质量（*Ins*）。

用城镇个体和私营经济就业人数占总就业人数的比重来衡量。目前关于制度质量的衡量指标争议较大，针对省级层面制度质量的衡量，绝大部分学者使用了樊纲、王小鲁、马光荣（2011）构建的市场化指数，但是地级市层面因为部分指标缺失，市场化指数无法测算。个体和私营经济对于加快市场化进程、提高整个经济体的活力和效率具有重要的作用（邵帅、范美婷、杨莉莉，2013），因此本书采用城镇个体和私营经济就业人数占总就业人数的比重来衡量制度质量。数据描述性说明如表 4－1 所示。

表 4－1　　数据描述性说明

分类	变量		计算方法	均值	方差
被解释变量	*GTFP*		DEA－Malmquist 指数法	1.0751	0.1490
核心解释变量	*RD*		采掘业从业人数/总从业人数	0.0589	0.0955
控制变量	产业结构（*Ind*）	产业结构合理化（Ind_h）	$Ind_h = 1/T_h$	0.4738	1.2538
		产业结构高级化（Ind_g）	$Ind_g = \sum_{i=1}^{3} i \frac{L_i}{L}$	0.0223	0.1398
		产业结构转型升级（Ind_{up}）	熵权法	0.2513	0.1412

续 表

分类	变量	计算方法	均值	方差
控制变量	技术创新（*Inn*）	科学技术支出/财政支出	0.0119	0.6590
	环境规制（*Reg*）	环境治理投资总额/GDP	0.2502	0.3298
	对外贸易（*Tra*）	外商直接投资/GDP	0.6632	0.9967
	人力资本（*Hum*）	中等学校在校学生人数/总人口数	0.0575	0.0164
	制度质量（*Ins*）	城镇个体和私营经济就业人数/总就业人数	0.2305	0.1379

4.4 数据来源

考虑到部分地区的数据可得性较差，以及地级市区划的变动，为了保证统计标准的一致性，本书剔除了拉萨、巢湖、毕节、铜仁、三沙、儋州、海东、吐鲁番、哈密、日喀则、昌都、林芝、山南以及港澳台地区的数据，选取了2003—2016年中国285个地级及以上城市的数据作为样本进行研究。原始数据主要来自历年《中国城市统计年鉴》《中国环境统计年鉴》及相应的省市统计年鉴中地级市层面的数据，部分缺失数据根据插值法进行了补充。为了剔除价格因素的影响，所有用货币衡量的指标都通过相应的价格指数折算成以2000年为基期的可比价格；同时为了缓解异方差问题，采取赵善梅、吴士炜（2018）的方法对部分指标数据进行了对数化处理。如无特殊说明，本书所涉及的数据来源及处理办法与此处相同，不再赘述。

4.5 相关检验

4.5.1 单位根检验

依据数据生成方式的不同，面板数据分为同质型和异质型两类，其所用的单位根检验的方式也不同，本书使用LLC检验和IPS检验两种检验方式，结果如表4-2所示，变量均通过单位根检验。

表 4－2 单位根检验

变量	LLC 检验		IPS 检验		结论
	t^*	P	$Z_{\overline{t\%}}$	P	
GTFP	-24.9473 *	0.000	-19.290 *	0.000	平稳
RD	-5.4798 *	0.000	-2.217 ***	0.077	平稳
Ind_{up}	-10.3058 *	0.000	-3.140 *	0.001	平稳
Ind_h	-4.2870 *	0.000	-3.192 *	0.001	平稳
Ind_g	-20.3573 *	0.000	-8.240 *	0.000	平稳
Reg	-12.9353 *	0.000	-8.459 *	0.000	平稳
Hum	-14.5188 *	0.000	-3.150 *	0.001	平稳
Inn	-11.1565	0.000	-12.140 *	0.000	平稳
Tra	-18.8546	0.000	-12.469	0.000	平稳
Ins	-6.3256	0.000	-4.176	0.000	平稳

注：*、*** 分别表示在 1%、10% 的水平上显著。

4.5.2 协整检验

为了检验多个变量之间是否存在长期的均衡关系，还需要进行协整检验，本书所选择的面板数据均通过了单位根检验，且同阶单整，可以进行协整检验，结果如表 4－3 所示，从表 4－3 可知 Gt、Ga、Pt 和 Pa 检验的 *P* 值都在 1% 的水平上显著，变量存在显著的协整关系。

表 4－3 面板数据协整检验结果

Statistic（统计量）	*Value*（统计值）	*Z-value*（*Z* 值）	*P-value*（*P* 值）
Gt 检验	-2.148	-6.171	0.000
Ga 检验	-1.422	-2.347	0.009
Pt 检验	-5.919	-2.675	0.004
Pa 检验	-5.843	-2.611	0.005

在确定了协整关系之后，还需要运用 Hausman 检验来确定固定效应和随机效应，*Hausman* 检验值为 69.26，*P* 值为 0.0000，所以在固定效应和随机效应中选择了固定效应。

4.5.3 空间相关性检验

空间相关性检验建立在构建合理的空间权重矩阵基础上，空间权重矩阵的构建方法较多，常见的有空间邻接权重矩阵、最近 k 邻接矩阵、半径距离权重矩阵。本书采用经济距离矩阵①进行莫兰指数的测算，莫兰指数的取值范围为（-1，1），莫兰指数大于0，表示各区域呈现空间正相关；莫兰指数小于0，表示各区域呈现空间负相关；莫兰指数为0，表示不存在空间相关性。全局的莫兰指数如表4-4所示，从表4-4中可知，我国绿色经济增长和资源依赖度都存在空间正相关性。

表4-4 2004—2016年绿色经济增长和资源依赖度的莫兰指数

年份	GTFP			资源依赖度		
	莫兰指数	Z	P	莫兰指数	Z	P
2004	0.099	2.605	0.005	0.131	2.662	0.004
2005	0.083	2.758	0.003	0.068	2.352	0.010
2006	0.061	2.095	0.018	0.042	1.485	0.069
2007	0.052	1.817	0.035	0.032	1.897	0.052
2008	0.046	1.621	0.051	0.028	1.463	0.072
2009	0.063	2.169	0.015	0.072	2.461	0.007
2010	0.092	3.378	0.000	0.081	2.766	0.003
2011	0.055	1.941	0.026	0.081	2.907	0.002
2012	0.083	2.807	0.003	0.067	2.300	0.011
2013	0.096	3.243	0.001	0.080	2.711	0.003
2014	0.090	3.038	0.001	0.071	2.426	0.008
2015	0.084	2.854	0.002	0.063	2.175	0.015
2016	0.067	2.188	0.017	0.048	2.308	0.011

为了直观描述空间自相关性，本书在截面单位层面选取了2004年和2016年的绿色经济增长和资源依赖度的局部莫兰散点图来展开分析，并对所有变量平均后画图（见图4-4）。

① 本书研究的对象是285个地级及以上城市，相对应的经济距离矩阵是一个285×285的矩阵，而资源型城市对应的经济距离矩阵是113×113的矩阵，非资源型城市对应的经济距离矩阵是172×172的矩阵。因为篇幅原因不在此列出。

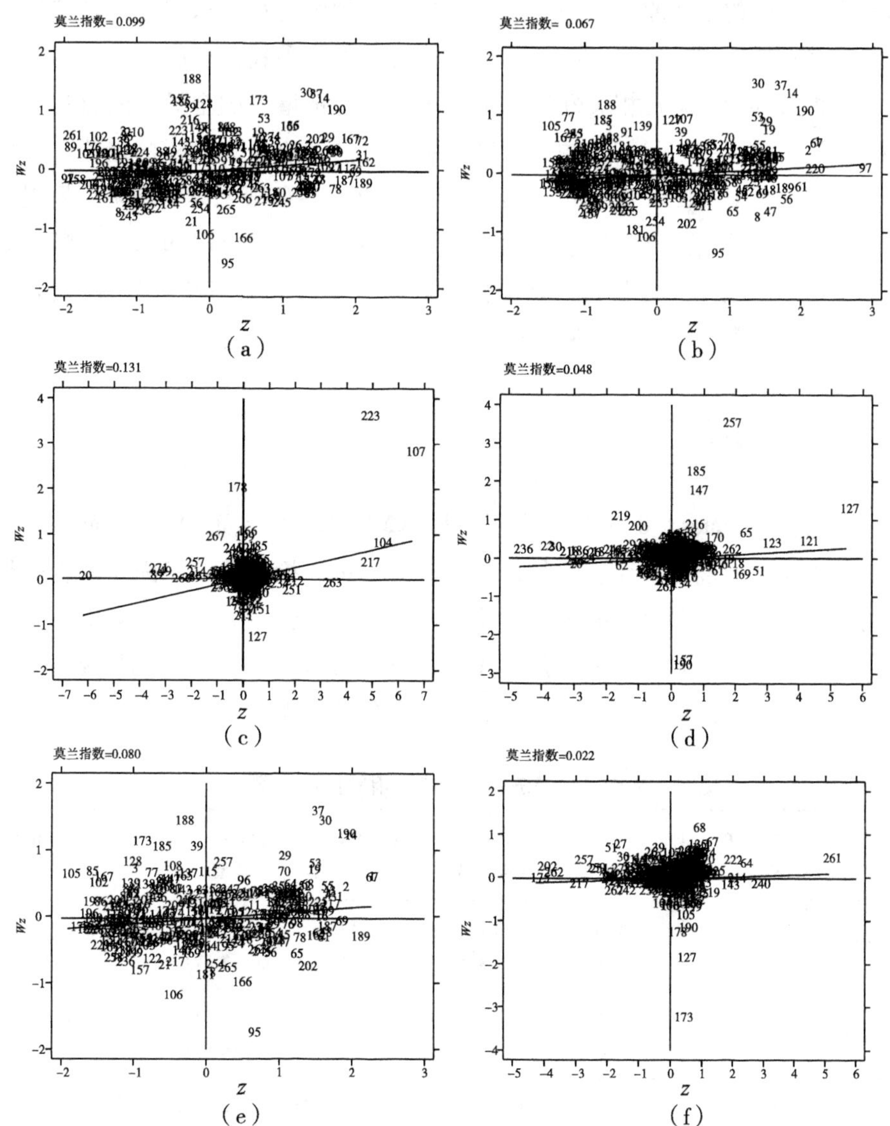

图 4-4 资源依赖度、绿色经济增长的莫兰散点图

注：横轴 z 是描述变量，纵轴 Wz 是空间滞后项。(a)、(b) 分别是2004 年和2016 年资源依赖度的莫兰散点图，(c)、(d) 分别是2004 年和2016 年绿色经济增长的莫兰散点图，(e)、(f) 分别是资源依赖度与绿色经济增长的莫兰散点图。

从图 4-4 中可以看出，资源依赖度和绿色经济增长水平都呈现出空间正相关关系。就绿色经济增长的莫兰散点图来看，大部分城市位于 H-H 区域和 L-L 区域，也就是第一象限和第三象限，呈现出明显的空间正相关关系。

这一现象产生的主要原因是我国经济发展具有地域特征，东部地区经济发展水平较好的地区相对集聚，而西部地区经济发展水平较落后的地区也相对集聚，这种局部的空间自相关性造就了我国绿色经济增长的全局空间自相关性（刘生龙、张捷，2009）。资源依赖度的莫兰散点图也呈现同样的趋势，大部分城市都位于 H－H 区域和 L－L 区域，也就是第一象限和第三象限，呈现出空间正相关关系。而且资源依赖度莫兰散点图落在第一象限和第三象限的城市基本上与绿色经济增长莫兰散点图落在第一象限和第三象限的城市相反。这种相反的集聚情况，正好说明资源依赖度与绿色经济增长呈现反向关系。

4.6 结果分析

本书使用 Stata14.0 分别利用空间杜宾模型对城市层面、区域层面、时间维度等不同层面进行了计量回归，并利用 Hausman 检验验证了固定效应分析更为有效，同时通过 Wald 空间检验、Lratio 空间检验以及加入误差滞后项 AIC（赤池信息准则）取值相较于 BIC（贝叶斯信息准则）变化的情况，判断出最适合的空间模型（Elhorst，2012），具体结果如表 4－5 所示。

表 4－5　　　基于绿色经济增长的资源诅咒假说结果

被解释变量	*GTFP*（模型 4－1）	*GTFP*（模型 4－2）	*GTFP*（模型 4－3）	2004—2007 年（模型 4－4）	2008—2012 年（模型 4－5）	2013—2016 年（模型 4－6）
wGTFP	－0.0205* （－5.11）	－0.0271* （－2.96）	－0.0137* （－3.93）	0.0117* （4.02）	－0.0255 （2.91）	0.0173* （3.63）
RD	0.0915*** （1.71）	0.1641*** （1.76）	0.0207*** （1.88）	－0.3282* （－3.34）	0.0026 （0.03）	0.3451** （2.41）
RD^2	－0.1727*** （－1.91）	－0.2816*** （－1.92）	－0.1757** （－2.18）	0.0255* （3.13）	－0.1131 （－0.57）	－0.9869** （－2.40）
Ind_{up}	0.0462* （3.77）			－0.0241 （－0.86）	0.0263*** （1.98）	0.1217*** （1.94）
Ind_h		0.0207* （4.10）				
Ind_g			0.1522* （2.91）			

续　表

被解释变量	*GTFP*（模型 4 - 1）	*GTFP*（模型 4 - 2）	*GTFP*（模型 4 - 3）	2004—2007 年（模型 4 - 4）	2008—2012 年（模型 4 - 5）	2013—2016 年（模型 4 - 6）
Inn	0. 0120 (0. 31)	0. 0140 (0. 36)	0. 0230 (0. 62)	-0. 1481 (-1. 50)	0. 0486 *** (1. 78)	0. 0361 ** (2. 66)
Reg	0. 0903 *** (1. 75)	0. 0898 *** (1. 74)	0. 0427 ** (2. 02)	-0. 0018 (-0. 05)	0. 0643 * (2. 61)	0. 0943 *** (1. 78)
Tra	0. 1105 * (3. 52)	0. 1074 * (3. 44)	0. 1201 * (3. 70)	-0. 0675 (-0. 32)	0. 0886 (0. 60)	0. 2252 ** (1. 99)
Hum	0. 0178 (0. 58)	0. 0443 (1. 17)	0. 0339 (1. 05)	0. 0696 * (2. 68)	0. 0680 (0. 59)	0. 0613 * (2. 36)
Ins	0. 0090 (1. 58)	0. 0087 (1. 54)	0. 0028 (0. 69)	0. 0117 (1. 16)	-0. 0021 (-0. 04)	0. 0037 * (3. 14)
wRD	-0. 0206 * (-3. 33)	-0. 0625 ** (-3. 26)	0. 0034 (1. 27)	0. 0951 * (3. 49)		-0. 5203 * (-4. 52)
wRD^2	0. 6950 * (5. 92)	0. 6739 * (5. 90)	0. 1567 (0. 47)			0. 9848 (1. 38)
$wInd_{up}$	-0. 1368 * (-2. 65)			0. 6780 * (4. 51)		
$wInd_h$		-0. 0008 (-3. 14)			0. 8418 * (2. 87)	
$wInd_g$			0. 1176 ** (2. 39)			-0. 1408 (-0. 55)
wInn	0. 6159 * (-0. 97)	0. 1712 (-0. 92)	-0. 0259 (-1. 13)	0. 9732 (0. 71)	-0. 0269 (-0. 50)	0. 1936 * (4. 89)
wReg	0. 0793 (0. 57)	0. 0771 (0. 55)	0. 0534 * (0. 82)	0. 0609 * (3. 68)	-0. 1028 (-0. 13)	0. 1055 (2. 94)
wTra	-0. 8233 ** (-1. 95)	-0. 9375 *** (-1. 90)	-0. 9177 ** (-2. 72)	0. 0493 (1. 45)	-0. 0563 (-0. 29)	0. 4646 * (-0. 58)
wHum	-1. 9424 * (-2. 59)	-0. 9304 ** (-2. 34)	-0. 9482 * (-3. 72)	0. 7911 * (4. 30)	0. 2884 (1. 36)	0. 6739 (-0. 28)
wIns	0. 0474 ** (2. 10)	0. 0463 * (3. 17)	0. 0088 * (0. 76)	0. 1886 * (3. 28)	0. 3204 * (3. 64)	0. 4018 * (10. 53)

续 表

被解释变量	GTFP（模型 4 - 1）	GTFP（模型 4 - 2）	GTFP（模型 4 - 3）	2004—2007 年（模型 4 - 4）	2008—2012 年（模型 4 - 5）	2013—2016 年（模型 4 - 6）
模型	SDM [FE]	SDM [RE]	SDM [RE]	SDM [FE]	SDM [RE]	SDM [FE]
R^2	0. 61	0. 61	0. 62	0. 55	0. 65	0. 44
Wald 检验	55. 44 [0. 00]	19. 26 [0. 01]	37. 77 [0. 00]	23. 42 [0. 00]	26. 13 [0. 00]	20. 13 [0. 00]
LR 检验	59. 92 [0. 00]	17. 69 [0. 02]	38. 22 [0. 00]	97. 10 [0. 00]	107. 23 [0. 00]	74. 22 [0. 00]
AIC	-3615. 61 [变大]	-1527. 67 [变大]	-2458. 89 [变大]	-1474. 69 [变大]	-2237. 41 [变大]	-917. 89 [变大]
Hausman 检验	15. 97 [0. 04]	9. 15 [0. 33]	4. 61 [0. 79]	21. 49 [0. 01]	8. 16 [0. 42]	15. 87 [0. 04]

注：系数值下的括号内数字为 *t* 值，*、**、*** 分别表示在 1%、5% 和 10% 的水平上显著。检验值下的方括号内数字为 *P* 值，FE 和 RE 分别表示固定效应和随机效应。

4. 6. 1 空间滞后项回归结果分析

从被解释变量空间滞后项（*wGTFP*）的系数来看，整体性检验和分时段检验的系数都通过了 5% 的显著性水平测试，再一次印证了我国绿色经济增长在空间上呈现出正向的空间相关性。

从解释变量的空间滞后项系数来看，产业结构、固定资产投资、人力资本等变量都存在显著的空间相关性。这是因为在空间依赖关系下，地方政府出于政绩等考量，往往会根据相邻城市的经济发展状况、产业布局情况等不断调整本地的发展情况，力图使本地在所在区域竞争中保持前列，或者至少做到别的城市有的，本地也不能落下。

4. 6. 2 地级市总体回归结果分析

地级市总体回归用模型 4 - 1 到模型 4 - 6 来展开分析，其中模型 4 - 1 到模型 4 - 3 分别是以产业结构转型升级、产业结构合理化、产业结构高级化为产业结构控制变量的结果，模型 4 - 4 是 2004—2007 年以产业结构转型升级为控制变量的总体检验结果，模型 4 - 5 是 2008—2012 年以产业结构转型升级为控制变量的检验结果，模型 4 – 6 是 2013—2016 年以产业结构转型升级为控制变量的检验结果。

1. 核心解释变量的结果分析

（1）全样本结果分析。

从核心解释变量的系数和显著性水平来看，从模型 4 – 1 到模型 4 – 3 资源依赖度的系数分别在 10%、10% 和 10% 的水平上显著为正，其二次项的系数分别在 10%、10% 和 5% 的水平上显著为负，这说明考虑了空间因素之后，我国地级市总体资源依赖度与绿色经济增长之间存在显著的倒 U 形关系。

（2）时间演变结果分析。

从时间演变情况来看，模型 4 – 4 中资源依赖度的系数在 1% 的水平显著为负，而其二次项的系数则在 1% 的显著性水平上为正。说明在 2004—2007 年，地级市总体资源依赖度与绿色经济增长之间呈现出 U 形关系，并且资源依赖度对绿色经济增长呈现出强有力的负相关，处于 U 形曲线的左侧。模型 4 – 5 中资源依赖度的系数转为正，但是并不显著，而其二次项系数为负，同样不显著，可见在 2008—2012 年，地级市总体资源依赖度与绿色经济增长呈现出潜在的倒 U 形关系。模型 4 – 6 中资源依赖度的系数为 0.3451，并且在 5% 的水平上显著，而其二次项的系数为 – 0.9869，同样在 5% 的水平上显著，可见在 2013—2016 年，地级市总体资源依赖度与绿色经济增长的关系呈现出显著的倒 U 形关系。

2. 控制变量的结果分析

（1）产业结构三个维度。

全样本结果分析。模型 4 – 1 中产业结构转型升级对绿色经济增长的影响显著为正，模型 4 – 2 中产业结构合理化对绿色经济增长的影响为 0.0207，在 1% 的水平上显著，模型 4 – 3 中产业结构高级化对绿色经济增长的影响为 0.1522，同样在 1% 的水平上显著。产业结构高级化对绿色经济增长的促进作用显著大于产业结构合理化，这是因为在改革开放的过程中，我国基本完成了产业结构合理化的进程，开始进入产业结构转型升级与产业结构高级化的阶段。产业结构高级化每提高 1%，能够推动绿色经济增长提升 15.22%，而产业结构合理化每提升 1%，只能够推动绿色经济增长提升 2.07%。这说明产业结构高级化的边际作用更强。

时间演变结果分析。利用模型 4 – 4 到模型 4 – 6 观察不同时间段产业结构转型升级对绿色经济增长的影响，可知随着时间的推移，产业结构转型升

级对绿色经济增长的作用在不断增强。我国正处于转变经济发展方式、进行经济结构优化的关键时期，持续的结构调整是经济高质量发展的重要抓手。

（2）技术创新。

全样本结果分析。在模型 4－1 到模型 4－3 地级市总体分析中，技术创新对绿色经济增长的影响为正，但是并不显著。之所以产生这种情况，主要是因为我国创新数量虽然较多，但是创新的质量较低，也就是说科技成果转化为实际生产力的能力不足，这导致许多科学研究被束缚在高阁中，与产业融合的水平较低。

时间演变结果分析。利用模型 4－4 到模型 4－6 观察不同时间段技术创新对绿色经济增长的影响，可知随着时间的推移，技术创新对绿色经济增长的显著性水平日益增强。技术创新对绿色经济增长的影响系数从 2004—2007 年的－0.1481，到 2008—2012 年的 0.0486，再到 2013—2016 年的 0.0361，在一定程度上说明我国创新驱动战略成效初显。按照这一发展趋势，只要我们继续坚定不移地推进创新驱动战略，实现创新成果成功转化为生产力，技术创新对绿色经济增长的促进作用就会越来越大。

（3）环境规制。

全样本结果分析。在模型 4－1 到模型 4－3 地级市总体分析中，环境规制对绿色经济增长的影响分别在 10%、10% 和 5% 的水平上显著为正。这说明环境规制能够有效提升我国绿色经济增长水平，环境规制的提高有助于刺激企业加快与绿色生产有关的技术创新、迫使企业更多采用清洁能源进行生产，对于提升绿色经济增长有重要意义。

时间演变结果分析。利用模型 4－4 到模型 4－6 观察不同时间段环境规制对绿色经济增长的影响，可知从 2004—2016 年环境规制对绿色经济增长的促进作用不断增强，在 2004—2007 年，环境规制对绿色经济增长呈现出不显著的负面影响，这一时间段内，整个社会对绿色发展的重视程度不够，企业更多采用临时停工停产来应对政府的环境规制，而非进行绿色生产技术更新，导致环境规制对绿色经济增长呈现出潜在的负面影响。2008 年之后，绿色经济和绿色发展被国际社会提升到了重要的政治议程中，企业发现继续采用临时停工停产来应对环境规制只会对自身造成经济损失，因此不断开展绿色技术创新、积极使用清洁能源，导致环境规制对绿色经济增长的正向影响逐渐显现。

（4）对外贸易。

全样本结果分析。在模型4－1到模型4－3地级市总体分析中，对外贸易对绿色经济增长的影响均在1%的水平上显著为正。因为FDI的增加会通过技术扩散效应或者正向的技术外溢效应使得东道国的生产效率迅速提升。

时间演变结果分析。利用模型4－4到模型4－6观察不同时间段对外贸易对绿色经济增长的影响，可知随着时间的推移，对外贸易对绿色经济增长正向影响不断增强，2004—2007年对外贸易对绿色经济增长的影响系数为－0.0675，虽然显著性水平较低，但是仍然能够说明一时间段内我国是以低廉的劳动力来吸引外资的，会引发“锁定效应”（唐绍祥等），使得外资陷入比较优势陷阱，生产效率下降（邵帅、范美婷、杨莉莉，2013）。而2008—2012年对外贸易对绿色经济增长的影响系数变为0.0886，但是不显著，这一时间段内世界经济经历次贷危机，引进外资的质量和水平都有限，对绿色经济增长的促进作用也受到影响。2013—2016年，对外贸易对绿色经济增长的影响系数变为0.2252，并且在5%的水平上显著，说明我国吸引外资的水平和层次不断提升，FDI的技术扩散效应和正向溢出效应不断提高。

（5）人力资本。

全样本结果分析。在模型4－1到模型4－3地级市总体分析中，人力资本对绿色经济增长的影响均为正，但是都不显著。主要原因在于我国人力资本发展水平不足。教育是人力资本最重要的形成元素，尽管近年来国家不断宣传教育的重要性，但不可否认的是我国部分地区对教育不够重视，对教育的投入不足，导致我国人力资本的综合水平偏低，且区域差异较大，经济相对落后地区的人力资本流动性偏低，总体来讲，不利于发挥人力资本对绿色经济增长的促进作用。

时间演变结果分析。利用模型4－4到模型4－6观察不同时间段人力资本对绿色经济增长的影响，可知随着时间的推移，人力资本对绿色经济增长的影响仅有微弱的变化，这与教育投入的回报周期较长有一定的关系。不过近几年地方政府认识到人力资本红利的重要性，不断推出各项优惠政策来吸引和留住人才，能够有效增加人力资本的流动性，促进绿色经济增长提升。

（6）制度质量。

全样本结果分析。在模型4－1到模型4－3地级市总体分析中，制度质量对绿色经济增长的影响均不显著，但都有潜在的正向影响。近年来我国在经济发展中，对于“绿色”的重视程度不断增强，但是相关的市场化机制并不完善，使得我国制度质量并没有发挥出对绿色经济增长应有的促进作用。

时间演变结果分析。利用模型4－4到模型4－6观察不同时间段制度质量对绿色经济增长的影响，可知2004—2007年制度质量对绿色经济增长的影响系数为0.0117，而2008—2012年制度质量对绿色经济增长的影响系数为－0.0021，到了2013—2016年制度质量对绿色经济增长的影响系数重新为正，并且在1%的水平上显著，这种趋势说明我国的制度质量不断完善，协调的体制机制大大促进经济发展方式优化和效率提升（张璟、沈荣坤，2008），但是同样暴露我国以GDP为导向的考核体系的不足，该体系更多注重了经济增长而非“绿色”，节能减排的目标被摆在GDP之后，相关政策实施时松时紧。

4.6.3 不同资源地区回归结果分析

在分析区域异质性问题时，大部分研究按照东西部地区来划分，指出东部地区优越的地理条件是产生东西部经济或者结构差异的重要原因，但是邵帅、范美婷、杨莉莉（2013），Sachs和Warner（1997）等的研究都表明沿海的地理区位并不是经济增长或者结构差异的显著因素。所以本书摒弃了传统的东西部分区方法，转而采用资源禀赋差异程度来进行区域划分。基于绿色经济增长的资源诅咒假说结果（资源型城市和非资源型城市对比）如表4－6所示。

表4－6 基于绿色经济增长的资源诅咒假说结果（资源型城市和非资源型城市对比）

被解释变量 *GTFP*	资源型城市			非资源型城市		
	（模型4－7）	（模型4－8）	（模型4－9）	（模型4－10）	（模型4－11）	（模型4－12）
wGQL	－0.4216 * (6.78)	0.2997 * (9.66)	0.6123 * (10.33)	0.5117 * (9.12)	－0.1249 * (－5.87)	0.3628 * (30.38)
RD	0.0876 * (2.82)	0.0888 ** (2.25)	0.0759 * (6.71)	－0.0012 * (－5.12)	－0.0015 ** (－2.36)	－0.0016 ** (－2.26)
RD^2	－0.1375 *** (－1.74)	－0.1373 * (－2.59)	－0.1365 * (－3.59)			
Ind_{up}	0.3611 * (2.12)			0.4088 ** (1.97)		

续　表

被解释变量 GTFP	资源型城市			非资源型城市		
	(模型 4-7)	(模型 4-8)	(模型 4-9)	(模型 4-10)	(模型 4-11)	(模型 4-12)
Ind_h		0.2089 ** (1.92)			0.3096 * (3.48)	
Ind_g			0.6930 *** (1.88)			0.5035 ** (2.46)
Inn	0.1538 (0.44)	0.1536 (0.45)	0.1492 *** (1.73)	0.9648 (0.96)	0.6093 (0.49)	0.8817 *** (1.72)
Reg	-0.0452 (-2.22)	-0.0459 (-1.08)	-0.0325 (-0.54)	0.0754 ** (2.73)	0.0240 * (4.00)	0.1828 * (3.94)
Tra	0.0614 * (0.21)	0.0624 (0.22)	0.0503 (0.17)	0.2312 * (5.89)	0.3939 * (2.85)	0.1840 * (4.81)
Hum	-0.3726 * (-2.83)	-0.7726 * (-2.83)	-0.7750 * (-2.86)	0.5264 * (5.69)	0.4424 * (2.30)	0.4393 * (6.78)
Ins	0.0152 *** (1.74)	0.0151 *** (1.74)	0.0170 ** (1.99)	0.1631 * (2.86)	0.0421 ** (1.94)	0.6128 * (3.14)
wRD	0.0725 * (3.07)	-0.0625 ** (-2.03)	0.1015 (1.27)	0.0951 * (3.49)		-0.0529 * (-3.38)
wRD^2	-0.0631 ** (-2.21)	-0.0731 (0.29)	-0.0507 (-1.71)			
$wInd_{up}$	-0.0522 (-0.47)			0.6780 * (4.51)	0.8418 * (2.87)	-0.1408 (-0.55)
$wInd_g$		0.3777 (0.91)			0.0647 * (3.66)	
$wInd_h$			0.1077 (0.91)			0.0261 * (3.70)
$wInn$	0.1512 * (4.01)	0.1246 * (2.01)	-0.0238 (-1.13)	0.9732 (0.71)	-0.0269 (-0.50)	0.1936 * (4.89)
$wReg$	-0.0901 (-1.02)	0.3493 (1.25)	0.0867 * (3.27)	0.0609 * (3.68)	-0.1028 (-0.13)	0.0731 (1.47)

续 表

被解释变量 GTFP	资源型城市			非资源型城市		
	（模型 4－7）	（模型 4－8）	（模型 4－9）	（模型 4－10）	（模型 4－11）	（模型 4－12）
wTra	0. 0449 ** (1. 95)	0. 0983 (0. 447)	0. 0307 (0. 77)	0. 0493 (1. 45)	－0. 0563 (－0. 29)	0. 1066 *** (－1. 65)
wHum	－0. 1485 (－1. 60)	0. 1983 (1. 28)	0. 0918 (0. 80)	0. 7911 * (4. 30)	0. 2884 (1. 36)	0. 6739 (－0. 28)
wIns	0. 5164 (0. 74)	0. 7494 (1. 26)	0. 7013 * (2. 60)	0. 1886 * (3. 28)	0. 3204 * (3. 64)	0. 4018 * (10. 53)
模型	SDM [FE]	SDM [FE]	SDM [FE]	SDM [FE]	SDM [FE]	SDM [FE]
R^2	0. 61	0. 62	0. 62	0. 81	0. 69	0. 96
Wald 检验	96. 34 [0. 00]	96. 33 [0. 01]	97. 16 [0. 00]	74. 55 [0. 00]	105. 49 [0. 00]	88. 85 [0. 00]
LR 检验	59. 92 [0. 00]	17. 69 [0. 02]	38. 22 [0. 00]	97. 10 [0. 00]	107. 23 [0. 00]	74. 22 [0. 00]
AIC	－3615. 61 [变大]	－1527. 67 [变大]	－2458. 89 [变大]	－1474. 69 [变大]	－2237. 41 [变大]	－917. 89 [变大]
Hausman 检验	42. 58 [0. 00]	58. 30 [0. 00]	14. 88 [0. 03]	20. 35 [0. 00]	17. 54 [0. 01]	34. 99 [0. 00]

注：系数值下的括号内数字为 *t* 值，*、**、*** 分别表示在 1%、5% 和 10% 的水平上显著。检验值下的方括号内数字为 *P* 值，FE 表示固定效应。

模型 4－7 到模型 4－9 是资源型城市的资源依赖度与绿色经济增长关系的考察结果，模型 4－10 到模型 4－12 是非资源型城市的资源依赖度与绿色经济增长的关系分析。模型 4－7 和模型 4－10 以产业结构转型升级为控制变量，模型 4－8 和模型 4－11 以产业结构合理化为控制变量，模型 4－9 和模型 4－12 以产业结构高级化为控制变量。

1. 核心解释变量回归结果分析

从资源型城市的核心解释变量的分析来看，模型 4－7 到模型 4－9 中资源依赖度的系数分别在 1%、5% 和 1% 的水平上显著为正，其二次项的系数分别在 10%、1% 和 1% 的水平上显著为负，说明资源型城市的资源依赖度与绿色经济增长呈现出稳健的倒 U 形关系，这一结论验证了假说 4－1，也符合我国资源型城市的发展周期。

从非资源型城市的核心解释变量的分析来看，模型 4 - 10 到模型 4 - 12 中资源依赖度的系数显著为负，但是系数的绝对值较低，说明非资源型城市的资源依赖度对绿色经济增长有弱的负效应。具体原因在于：第一，非资源型城市的资源依赖度较低，对绿色经济增长的负面影响有限；第二，非资源型城市的产业结构、技术创新等水平较高，在很大程度上能够中和资源开发给绿色经济增长带来的负面影响。

2. 控制变量回归结果分析

从资源型城市和非资源型城市控制变量的结果对比分析可知以下内容。

产业结构转型升级对资源型城市和非资源型城市绿色经济增长的影响都显著为正，这说明产业结构的转型升级能有力促进绿色经济增长提升，进行产业结构转型升级势在必行。

产业结构合理化对资源型城市和非资源型城市都具有显著的拉动作用，但是产业结构合理化对资源型城市绿色经济增长的拉动作用明显弱于非资源型城市。

产业结构高级化对资源型城市的绿色经济增长的拉动作用显著大于非资源型城市。这一研究与贺俊、范小敏（2014）的研究有相似之处，他们研究发现资源型省份的第三产业对经济增长的拉动作用比非资源型省份更大。但是在前文关于地级市的产业结构的测算中，资源型城市的产业结构高级水平显著低于非资源型城市，由此可见，一旦资源型城市实现了产业结构高级化，其绿色经济增长会出现大幅度上升。

不论是资源型城市还是非资源型城市，技术创新对绿色经济增长的作用都为正，但是只有模型 4 - 9 和模型 4 - 12 显著。这一结果看似出乎意料，实则说明了我国技术创新的质量不足。技术创新对绿色经济增长影响的显著性水平较低，原因在于我国科技成果的转化率比较低，科技支出未能有效地转向实体经济，这一现象不仅出现在资源型城市，在非资源型城市同样存在。

环境规制对资源型城市绿色经济增长在一定程度上呈现负面影响，但是其显著性水平偏低，主要是因为我国资源型城市多位于中西部，面对环境规制，企业往往采用暂时停工停产来应对。在短期内，环境规制会导致企业治污投资成本的增加，在一定限度内挤压企业的技术创新开展（Jaffe 等，1995；李江龙、徐斌，2018）。所以环境规制对资源型城市绿色经济增长显现出潜在

的负面影响，但是这一影响是短期的。长期来讲，严格的环境规制能够促进企业推广绿色生产技术，对于绿色经济增长提升有重要作用（王兵、刘天光，2008）。非资源型城市的环境规制对于绿色经济增长呈现出显著的正向影响。非资源型城市多位于东部地区，环境规制执行较为严格，企业如果仅通过暂时停工停产是不能够应对政府的环境规制的，所以企业为了自身利益，不得不进行绿色生产技术创新，提升自身的绿色经济效率。

在资源型城市，对外贸易对绿色经济增长的影响并不十分显著，但是存在潜在的正向影响。对外贸易对非资源型城市绿色经济增长的影响系数显著为正。资源型城市由于区位条件等限制，对于国际市场的融入性较低，对外贸易并没有为经济发展带来显著的作用，但是随着“一带一路”建设的推进，西部的广大资源型城市将会获得进一步融入国际市场的发展机遇。

在资源型城市人力资本对绿色经济增长的影响显著为负。人力资本对非资源型城市绿色经济增长具有显著的促进作用。主要是因为非资源型城市在教育、人才引进等各方面优于资源型城市，人力资本的积累水平较高。

制度质量是影响我国绿色经济增长的一个重要原因，相较于非资源型城市，资源型城市的制度质量较差，资源的丰裕带来更多寻租等非生产性活动，因此在资源型城市制度质量对绿色经济增长的促进作用并不如非资源型城市大，而且其显著性水平也相对较低。

4.7 稳健性检验

为了检验模型的稳定性，本书进行了如下检验，具体结果如表 4－7 所示。

表 4－7　稳健性检验

被解释量	*GTFP* （模型 4－13）	2004—2010 年 （模型 4－14）	*GTFP* （模型 4－15）	*GTFP* （模型 4－16）
wGTFP	0.3024 * (8.29)	0.3024 * (8.29)		0.4451 * (6.80)
RC	0.5726 * (3.53)	0.6742 * (3.64)	0.4369 (1.58)	0.1198 * (2.69)

续　表

被解释量	GTFP（模型 4－13）	2004—2010 年（模型 4－14）	GTFP（模型 4－15）	GTFP（模型 4－16）
RC^2	－0. 1303 * （－3. 61）	－0. 1043 * （－3. 70）	－0. 0288 * （－2. 91）	－0. 0318 * （－3. 79）
Ind_{up}	0. 0596 （1. 54）	0. 0529 （1. 40）	0. 0379 * （5. 29）	0. 1829 ** （2. 32）
Inn	0. 5504 * （7. 30）	0. 1018 * （2. 60）	0. 1509 ** （2. 04）	0. 0736 ** （1. 98）
Reg	0. 0617 * （0. 06）	0. 0208 * （3. 54）	0. 0726 ** （6. 66）	－0. 2053 （－8. 45）
Tra	0. 0707 * （4. 43）	0. 0168 （0. 59）	0. 0983 （1. 19）	0. 1645 * （4. 45）
Hum	0. 5909 ** （1. 98）	0. 3686 ** （1. 98）	0. 7405 * （3. 36）	0. 7580 * （10. 83）
Ins	0. 2137 * （2. 64）	－0. 0178 ** （－2. 56）	0. 2409 * （3. 22）	0. 8677 *** （1. 86）
常数项	0. 3024 * （8. 29）	0. 4451 * （6. 80）	0. 5691 （9. 28）	0. 1479 （10. 77）
wRD/RC	0. 0117 * （5. 35）	－0. 1554 * （－3. 52）		
wRD^2/RC^2	－0. 1152 * （－3. 52）	0. 0174 ** （2. 35）		
wInd	0. 0174 ** （2. 35）	0. 0728 * （3. 03）		
wInn	－0. 0645 （－0. 58）	0. 1398 * （3. 20）		
wReg	0. 0127 * （5. 16）	0. 0117 ** （2. 17）		
wTra	0. 8007 （1. 07）	0. 4063 （1. 50）		

续　表

被解释量	*GTFP* （模型 4－13）	2004—2010 年 （模型 4－14）	*GTFP* （模型 4－15）	*GTFP* （模型 4－16）
wHum	0.2378 ** (2.54)	1.4350 * (3.73)		
wIns	0.3208 * (2.78)	0.2794 * (2.82)		
R^2	0.66	0.66	0.61	0.64
Wald spatial 检验	66.72 [0.00]	79.23 [0.00]		
LR spatial 检验	69.76 [0.00]	76.33 [0.00]		
AIC	－926.85	－3667.23		
Hausman 检验	59.84 [0.00]	34.99 [0.00]	22.99 [0.01]	63.14 [0.00]
模型	SDM ［FE］	SDM ［FE］	FE	GMM
DWH 检验				7.92 [0.25]
AR（1）				－1.77 [0.08]
AR（2）				－0.29 [0.77]
Sargan 检验				3.28 [0.25]

注：括号内数字为 *t* 值，*、**、*** 分别表示在 1%、5% 和 10% 的水平上显著。方括号内数字为 *P* 值，FE 表示固定效应。

模型 4－13 为使用资源丰裕度（*RC*）替换了资源依赖度的回归结果，模型 4－14 为 2004—2010 年的子样本回归结果，模型 4－15 为普通固定效应回归结果，模型 4－16 为 GMM（高斯混合模型）估计结果。

从模型 4－13 到模型 4－15 的检验结果可知，资源丰裕度的系数都为正，二次项的系数显著为负，尽管模型 4－15 中资源丰裕度的系数不显著（*t* 值为

1.58)，但是总体来看各个变量的估计系数基本与前文保持一致。从模型4－16的估计结果来看，虽然产业结构等变量的系数或者显著性水平与前文发生变化，但是结论基本上并未与表4－5的分析结果有明显出入。总体来讲，前文的估计结果具有稳健性。

4.8 本章结论

本章从地级市总体、资源型城市和非资源型城市三个层面对中国285个地级及以上城市的绿色经济增长水平和资源依赖度的初步关系进行预测，提出了三个假说。同时考虑到在现有资源诅咒的分析中，对空间要素的重视程度不足，将空间分析引入资源诅咒的分析，利用空间杜宾模型对资源依赖度与绿色经济增长之间关系的三个假说进行了验证。从对核心解释变量的分析可以得出以下结论：①从非资源型城市层面来讲，资源依赖度与绿色经济增长之间呈现出弱的负相关性；②从地级市总体和资源型城市层面来讲，资源依赖度与绿色经济增长之间存在显著的倒U形关系。进一步说明当一个地区产业发展过度依赖资源开采，才会导致资源诅咒，天赋资源并非总会造成资源诅咒。

从地级市总体各模型中对控制变量的分析可以得出：①在地级市总体层面，产业结构高级化对绿色经济增长的拉动作用要强于产业结构合理化；②技术创新对地级市总体绿色经济增长的影响的显著性水平偏低，但是其影响程度在日益增强；③环境规制、对外贸易能够显著促进我国绿色经济增长，但人力资本和制度质量对绿色经济增长的促进作用并不显著。

从资源型城市与非资源型城市的对比分析可以得出：①产业结构高级化对资源型城市绿色经济增长的拉动作用要强于非资源型城市；②环境规制、人力资本对绿色经济增长的影响都存在区域异质性。

第五章　资源依赖度、产业结构与绿色经济增长的中介关系分析

第四章对285个地级及以上城市的自然资源依赖度和绿色经济增长的关系进行了再验证。在再验证的过程中，将产业结构也纳入了分析。但仅仅只是将其作为控制变量进行了分析，并没有回答文献综述中提出的问题：产业结构也是资源诅咒的一个传导机制吗？

为了充分解答这一问题，本章将产业结构这一影响经济增长的重要因素纳入资源诅咒的传导机制，构建了以产业结构为中介变量的中介传导模型，从产业结构合理化、产业结构高级化和熵权法测算的产业结构转型升级系数三个维度来对资源诅咒、产业结构与绿色经济增长之间的关系进行深入研究。

中介传导模型由巴罗和肯尼于1986年提出，目前是检验中介效应极流行的方法之一。中介传导模型将自变量对因变量影响的过程和作用机制考虑在内，与一般的回归分析相比，更能够探明自变量与因变量关系产生的深层原因。中介传导模型的判断准则：条件一是中介变量对自变量回归，自变量达到显著水平；条件二是因变量对自变量回归，自变量也达到显著水平；条件三是因变量同时对中介变量和自变量回归，如果中介变量达到显著水平，自变量的回归系数减小且仍然显著，则中介变量起部分中介作用，如果自变量回归系数减小且不再显著，则中介变量起完全中介作用。

5.1　假说的提出

当地区经济对资源产业形成依赖时，资源产业会逐渐吸纳经济体中的生产要素，进一步促进资源产业的发展与繁荣，短期内带来较大的收益，使得生产要素被锁定在资源产业，而制造业等能够带来报酬递增、生产率较高的产业则被挤出（张复明，2008；孙永平、叶初升，2012），逐渐形成地区单一

的重型产业结构。

产业结构优化升级包括产业结构的合理化、产业结构的高级化以及两者的统一，自然资源依赖对生产要素的吸纳、锁定效应阻碍了生产要素在产业间的合理配置，扭曲了地区产业结构的合理化。而其对其他产业的挤出效应，则导致了产业结构的单一化（王柏杰、郭鑫，2017），制约了地区产业结构的高级化。

基于此，提出假说5－1：资源依赖会通过扭曲产业结构的合理化、制约产业结构的高级化，影响产业结构的正常演进。这一机制在不同资源依赖地区应无显著差异。

结构主义的观点认为产业结构优化升级不断通过将生产要素从生产率较低的产业部门向生产率较高的产业部门转移，从而提高不同部门的生产率，来实现经济增长（刘伟、张辉、黄泽华，2008）。一方面，通过产业结构合理化，生产要素实现了在产业间的自由流动和合理配置；另一方面，通过产业结构高级化，生产要素向更高效率的产业部门流动，推动不同部门的劳动生产率共同提高，为经济带来结构红利，成为推进地区经济高质量发展的重要源泉。钱纳里和库兹涅茨等人也通过大量的研究发现经济总量的增长离不开结构的优化，在特定条件下，产业结构优化的效率越高，经济总量的增速越快。

但是不同类型的地区的产业结构对经济增长的影响不尽相同。资源型城市的产业结构水平普遍落后于非资源型城市，当前的产业结构水平对经济增长的贡献弱于非资源型城市，甚至还是地区经济增长的拖累（茶洪旺、郑婷婷、袁航，2018），但是其产业转型升级的结构红利潜力大于非资源型城市。因为对于资源型城市和非资源型城市来说，第一产业和第二产业对经济增长的影响没有差异，而第三产业在资源型城市对经济的拉动作用大于非资源型城市（贺俊、范小敏，2014），一旦资源型城市把握住当前结构调整的时机，推动地区产业结构进一步向以第三产业为主的高级化方向演进，将会带来巨大的结构红利。

基于上述分析，提出假说5－2：产业结构通过合理化和高级化演进推动地区绿色经济增长。

从资源诅咒传导机制的逻辑演绎方法（Sachs和Warner，2001；杨莉莉、邵帅、曹建华，2014）来看，产业结构转型升级能够推动地区经济增长，而对自然资源的依赖则会固化产业结构，阻碍产业结构正常演进，促使地区产

业结构单一化、重型化，无法发挥产业结构转型升级为地区经济带来的结构红利，自然资源会通过对产业结构产业影响进而影响地区经济增长。唐成伟、陈亮认为自然资源会通过抑制第三产业发展水平来影响地区经济增长，进一步说明产业结构在资源诅咒研究中的重要意义。

基于此，提出假说5-3：产业结构是资源诅咒的传导机制。

5.2 模型选择

本章采用中介传导模型来探究资源依赖度（自变量）对绿色经济增长（因变量）的直接效应，以及资源依赖度是否会通过产业结构（中介变量）而对绿色经济增长产生效应。具体来说中介传导模型就是利用中介变量来探寻自变量如何影响因变量的内部机制，具体的路径如图5-1所示。

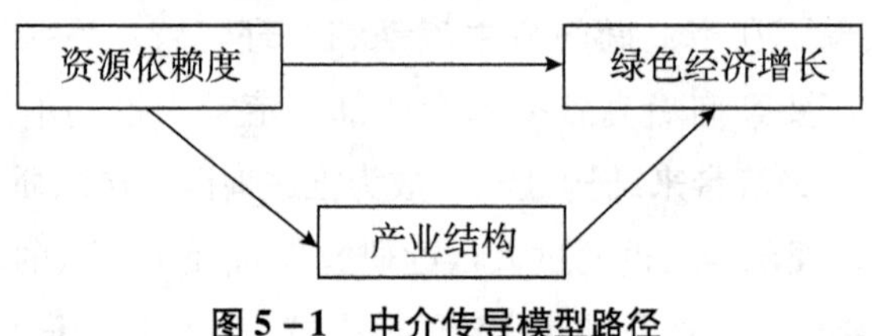

图5-1 中介传导模型路径

本章选择的中介变量是产业结构，同时为了分析细化，这里的中介变量产业结构包含了产业结构合理化、产业结构高级化以及产业结构转型升级三个维度。

根据本章提出的三个假说，建立了中介传导模型。

$$Ind_{i,t} = \alpha + \beta RD_{i,t} + \theta_1 Inn_{i,t} + \theta_2 Tra_{i,t} + \theta_3 Fina_{i,t} + \theta_4 Gov_{i,t} + \eta_i + \mu_i + \varepsilon_{i,t} \tag{5-1}$$

其中，α、β、θ分别为待估参数，β为核心待估参数。i表示地区，t表示时间，下同。

$$GTFP_{i,t} = \alpha' + \beta' Ind_{i,t} + \theta_i' Z_{i,t} + \eta_i + \mu_i + \varepsilon_{i,t} \tag{5-2}$$

其中，α'、β'、θ_i'分别为待估参数，β'为核心待估参数。$Z_{i,t}$为控制变量。

$$GTFP_{i,t} = \alpha'' + \beta_1'' RD_{i,t} + \beta_2'' Ind_{i,t} + \theta_i'' Z_{i,t} + \eta_i + \mu_i + \varepsilon_{i,t} \tag{5-3}$$

其中，α''、β_1''、β_2''、θ_i''分别为待估参数，β_1''、β_2''为核心待估参数。

模型包括三个公式，公式（5-1）研究资源依赖度对产业结构的影响，并对假说 5 -1 进行验证；公式（5 -2）研究产业结构对绿色经济增长的影响，并对假说 5 -2 进行验证；公式（5 -3）则将资源依赖度、产业结构与绿色经济增长共同纳入分析①，再结合公式（5 -1）和公式（5 -2）分析对假说 5 -3 进行验证。

按照中介传导模型的准则，还需要验证自变量与因变量之间的关系，也就是资源依赖度与绿色经济增长之间的关系，在公式（5 -3）的检验中会首先在未加入产业结构变量之前对其进行验证。

各个公式因为度量角度不同，被解释变量、核心变量的设置也不相同，具体情况详见表 5 -1。相关变量及其来源与第四章中的相同，在此不再赘述。

表 5 -1　　各个公式变量的说明

<table>
<tr><th>变量类别</th><th>公式（5 -1）</th><th>公式（5 -2）</th><th>公式（5 -3）</th></tr>
<tr><td>被解释变量</td><td>产业结构（Ind）</td><td>绿色经济增长（GTFP）</td><td>绿色经济增长（GTFP）</td></tr>
<tr><td>核心解释变量</td><td>资源依赖度（RD）</td><td>产业结构（Ind）</td><td>资源依赖度（RD）
产业结构（Ind）</td></tr>
<tr><td rowspan="5">控制变量</td><td rowspan="5">技术创新（Inn）
金融业发展（Fina）②
对外贸易（Tra）</td><td>技术创新（Inn）</td><td>技术创新（Inn）</td></tr>
<tr><td>环境规制（Reg）</td><td>环境规制（Reg）</td></tr>
<tr><td>对外贸易（Tra）</td><td>对外贸易（Tra）</td></tr>
<tr><td>人力资本（Hum）</td><td>人力资本（Hum）</td></tr>
<tr><td>制度质量（Ins）</td><td>制度质量（Ins）</td></tr>
</table>

5.3 假说 5 -1 的验证：资源依赖度对产业结构的影响分析

5.3.1 地级市总体结果分析

首先通过 F 检验、LM 检验和 Hausman 检验对面板模型的效应进行筛选，

---

① 在第三章的分析中，已经将产业结构的三个维度作为控制变量纳入资源依赖度与绿色经济增长关系的分析中，但是在分析中采用的是空间杜宾模型，考虑到本章分析的统一性和连贯性，在此重新使用 GMM 估计来进一步测算。

② 金融业发展水平用地区各项贷款余额来表示。现代金融业的发展是产业升级的重要支撑，金融业的发展能为新型工业和服务业提供信贷支持、资金保障，特别是为中小企业的成长注入活力。同时，金融业的发展水平在很大程度上与地区经济发展相联系，金融市场发达的地区配套设施完善，能为现代产业集聚和产业园区的发展提供重要的后备支持。

同时考虑到模型可能因为遗漏变量或者双向因果关系的存在而产生内生性问题导致参数估计出现偏误，通过 DWH 检验进行内生性检验。如果存在内生性问题，则采取滞后一期变量作为工具变量来估计，下同。经过检验，模型 5－1 到模型 5－3 所有模型不存在明显的内生性问题，而且适用于固定效应检验，具体结果如表 5－2 所示。

表 5－2　　资源依赖度对产业结构的影响

解释量	地级市总体		
	Ind_h（模型 5－1）	Ind_g（模型 5－2）	Ind_{up}（模型 5－3）
常数项	0.5309 * (6.39)	0.8458 * (4.95)	0.3436 * (6.52)
GTFP	0.8039 (0.57)	−0.0593 (−0.12)	0.0069 (0.92)
RD	−0.1245 * (−2.80)	−0.1979 ** (−2.44)	−0.1601 * (−3.17)
Inn	0.1197 * (3.23)	0.1096 (1.38)	0.1972 * (3.17)
Fina	0.0705 * (7.60)	0.0573 * (4.33)	0.0916 * (8.46)
Hum	0.7272 * (6.30)	0.2746 (3.71)	0.5158 * (4.30)
R^2	0.39	0.43	0.37
F 检验	40.28 [0.00]	61.01 [0.00]	43.37 [0.00]
LM 检验	679.71 [0.00]	860.52 [0.00]	862.86 [0.00]
Hausman 检验	29.71 [0.00]	82.68 [0.00]	103.74 [0.00]
DWH 检验	10.75 [0.43]	10.41 [0.33]	9.91 [0.51]
模型设定	FE	FE	FE

注：系数值下的括号内数字为 *t* 值，*、**、*** 分别表示在 1%、5% 和 10% 的水平上显著。检验值下的方括号内数字为 *P* 值，FE 表示固定效应。

模型 5－1 说明资源依赖度对产业结构合理化的影响，*RD* 的系数为 −0.1245，在 1% 的水平上显著，说明资源依赖度会扭曲产业结构合理化。模型 5－2 说明资源依赖度对产业结构高级化的影响，*RD* 的系数为 -0.1979，在 5% 的水平上显著，说明资源依赖度会制约产业结构高级化。模型 5-3 说明资源依赖度对产业结构转型升级的影响，*RD* 系数为 -0.1601，在 1% 的水平上显著，说明资源依赖度对产业结构转型升级负面影响显著。至此，假说 5-1 得以证明，资源依赖度会扭曲产业结构合理化、抑制产业结构高级化而制约地区产业结构转型升级。

对比三个模型 *RD* 的系数可以发现，资源依赖度对产业结构高级化的负面影响（-0.1979）大于资源依赖度对产业结构转型升级的负面影响（-0.1601）和对产业结构合理化的负面影响（-0.1245），资源依赖度对产业结构转型升级的负面影响强于对产业结构合理化的负面影响。由此可见，产业结构转型升级要兼顾合理化和高级化二者的有机统一，如果顾此失彼，仅仅着力于某一个方面，不能真正做到产业结构转型升级。

5.3.2 资源型城市和非资源型城市对比分析

为了区分资源型城市和非资源型城市中资源依赖度与产业结构关系的差异性，采用虚拟变量的方式，将区域异质性引入分析中，具体公式设置如下。

$$Ind_{i,t} = \alpha_0 + \alpha_1 DQ + \alpha_2 RD_{i,t} \times DQ + \eta_i + \mu_i + \varepsilon_{i,t} \tag{5-4}$$

其中 *DQ* 为地区异质性指标，根据前文的标准将 285 个地级及以上城市分为资源型城市 DQ_d 和非资源型城市 DQ_n。当考察资源型城市时，将 DQ_d 设置为 1，DQ_n 设置为 0；当考察非资源型城市时，将 DQ_d 设置为 0，DQ_n 设置为 1。具体的检验结果如表 5-3 所示。

表 5-3　资源依赖度对产业结构影响区域异质性检验

解释量	Ind_h	Ind_g	Ind_{up}	Ind_h	Ind_g	Ind_{up}
DQ_d	-0.7847* (-7.46)	-0.1166* (-6.05)	-0.0329* (-7.33)			
DQ_n				0.3888* (9.76)	0.0964* (5.61)	0.0338* (8.42)
$RD \times DQ_d$	-0.2825* (-2.94)	-0.9402* (-8.79)	-0.3387** (-2.17)			
$RD \times DQ_n$				0.0089* (4.99)	-0.1789* (-4.41)	-0.2145* (-4.45)

注：括号内数字为 *t* 值，*、** 分别表示在 1%、5% 的水平上显著。

从表 5 - 3 中可以明确得出资源依赖度对产业结构的影响有较大的区域差异性：对于资源型城市，资源依赖度对产业结构合理化、产业结构高级化和产业结构转型升级都有显著的负面影响。而对于非资源型城市，资源依赖度对产业结构高级化和产业结构转型升级产生负面影响，但对产业结构合理化产生了正向影响。

5.4 假说 5 - 2 的验证：产业结构对绿色经济增长的影响分析

5.4.1 地级市总体结果分析

首先通过 F 检验、LM 检验和 Hausman 检验对面板模型的效应进行筛选，同时通过 DWH 检验进行内生性检验，模型 5 - 4 和模型 5 - 6 不存在内生性问题。但模型 5 - 5 未通过内生性检验，采用 GMM 估计，模型 5 - 5 残差在 1% 的水平上存在一阶自相关，但并不存在二阶自相关，证明使用 GMM 估计是有效的，Sargan 检验的 *P* 值大于 0.5，说明工具变量的选择也是有效的。产业结构对绿色经济增长的影响结果如表 5 - 4 所示。

表 5 - 4　　　　产业结构对绿色经济增长的影响

解释量	模型 5 - 4	模型 5 - 5	模型 5 - 6
常数项	0.3829 * (5.94)	0.4781 * (7.41)	0.3484 * (5.85)
Ind_h	0.0369 * (2.71)		
Ind_g		0.2145 ** (4.72)	
Ind_{up}			0.0445 *** (1.79)
Inn	0.3171 *** (1.93)	0.4124 (1.15)	0.3051 (1.12)
Tra	0.3034 (1.45)	0.4617 ** (2.17)	0.4567 ** (2.22)
Ins	0.0148 * (2.68)	0.0180 ** (2.39)	0.0146 ** (2.42)

续　表

解释量	模型 5－4	模型 5－5	模型 5－6
Hum	0.0698 *** (1.93)	0.0612 *** (1.95)	0.0709 * (2.86)
Reg	0.0944 * (6.98)	0.0786 * (5.55)	0.0953 * (7.05)
R^2	0.47	0.48	0.48
F 检验	3.79 (0.00)	54.02 (0.00)	3.19 (0.00)
LM 检验	119.96 (0.00)	526.85 (0.00)	420.05 (0.00)
Hausman 检验	47.03 (0.00)	54.02 (0.00)	53.57 (0.00)
DWH 检验	3.86 (0.41)	5.54 (0.02)	1.24 (0.27)
模型设定	FE	GMM	FE
AR（1）		－4.72 (0.00)	
AR（2）		－0.42 (0.67)	
Sargan 检验		0.39 (0.94)	

注：系数值下的括号内数字为 *t* 值，*、**、*** 分别表示在 1%、5% 和 10% 的水平上显著。检验值下的方括号内数字为 *P* 值，FE 表示固定效应。

模型 5－4 表示产业结构合理化对绿色经济增长的影响，产业结构合理化的影响系数为 0.0369，在 1% 的水平上显著，说明产业结构合理化能够促进地区绿色经济增长提升。

模型 5－5 表示产业结构高级化对绿色经济增长影响，产业结构高级化的影响系数仅为 0.2145，在 5% 的水平上显著，说明产业结构高级化能够促进地区绿色经济增长提升，而且相比产业结构合理化，产业结构高级化对绿色经济增长的促进作用明显较大。

模型 5 -6 表示产业结构转型升级对地区绿色经济增长的影响，产业结构转型升级的影响系数为 0.0445，在 10% 的水平上显著，证明产业结构转型升级对地区绿色经济增长起正向促进作用，但是相比产业结构合理化和产业结构高级化的影响系数，产业结构转型升级对绿色经济增长的作用虽强于产业结构合理化，但明显弱于产业结构高级化。

由此假说 5 -2 得以证明，产业结构通过合理化和高级化演进推动地区绿色经济增长，而且产业结构合理化对绿色经济增长的推动作用大于产业结构高级化。

5.4.2 资源型城市和非资源型城市对比分析

同样，为了区分资源依赖异质性带来的差异，将其以虚拟变量的形式引入产业结构与绿色经济增长关系的分析。

$$GTFP_{i,t} = \alpha_0' + \alpha_1' DQ + \alpha_2' Ind_{i,t} DQ + \eta_i + \mu_i + \varepsilon_{i,t} \tag{5-5}$$

其中 DQ 的意义与公式（5 -4）相同，具体区域异质性检验结果如表 5 -5 所示。

表 5 -5　产业结构对绿色经济增长的区域异质性检验

解释变量	被解释变量 GTFP					
DQ_d	-0.5594** (-2.02)	0.7682 (0.99)	-0.5251* (-6.37)			
DQ_n				0.1825** (2.02)	0.2854 (0.65)	0.1876** (2.17)
$Ind_h DQ_d$	0.0302 (1.40)					
$Ind_g DQ_d$		0.1483* (3.69)				
$Ind_{up} DQ_d$			-0.0899*** (1.86)			
$Ind_h DQ_n$				0.1247*** (1.99)		
$Ind_g DQ_n$					0.8961* (9.01)	
$Ind_{up} DQ_n$						0.7179* (3.54)

注：括号内数字为 t 值，*、**、*** 分别表示在 1%、5% 和 10% 的水平上显著。

从表5－5中可知，资源依赖的区位与绿色经济增长基本呈现出显著的负相关（产生结构高级化下结果相反，但是不显著），而非资源依赖的区位对绿色经济增长是正向影响。进而分析不同区位下产业结构对绿色经济增长的影响，对于资源型城市，产业结构合理化对绿色经济增长的影响不显著，产业结构高级化对绿色经济增长的影响显著为正，产业结构转型升级对绿色经济增长的影响为负。对于非资源型城市，产业结构的三个维度都对绿色经济增长有显著的促进作用。

5.5　假说5－3的验证：资源依赖度、产业结构与绿色经济增长具体关系分析

5.5.1　地级市总体结果分析

首先通过F检验、LM检验和Hausman检验对面板模型的效应进行筛选，同时通过DWH内生性检验发现模型5－9存在内生性问题，采用GMM估计，模型5－9残差在1%的水平上存在一阶自相关，但并不存在二阶自相关，证明使用GMM估计是有效的，Sargan检验的P值大于0.5，说明工具变量的选择也是有效的。资源依赖度、产业结构对绿色经济增长的影响如表5－6所示。

表5－6　　资源依赖度、产业结构对绿色经济增长的影响

解释量	被解释变量 *GTFP*				
	模型5－7	模型5－8	模型5－9	模型5－10	模型5－11
常数项	1.0510* (7.98)	1.0414* (7.34)	0.1282* (4.68)	0.1290* (4.69)	1.0470* (7.89)
RD	−0.8305* (−3.52)	−0.2805** (−2.24)	−0.2731** (−2.18)	−0.2230*** (−1.77)	−0.2615** (−2.30)
Ind_h			0.2027* (3.71)		
Ind_g				0.2949* (4.14)	
Ind_{up}					0.0703** (2.29)

续 表

解释量	被解释变量 *GTFP*				
	模型 5 - 7	模型 5 - 8	模型 5 - 9	模型 5 - 10	模型 5 - 11
Inn		0.2953 (1.09)	0.4158 (1.53)	0.3279 (1.21)	0.3168 (1.17)
Reg		0.0951 * (7.04)	0.0787 * (5.55)	0.0935 * (6.90)	0.0943 * (6.97)
Hum		0.0723 * (2.93)	0.0603 ** (2.43)	0.0676 * (2.72)	0.0691 * (2.78)
Tra		0.4720 ** (2.30)	0.3116 (1.49)	0.4459 ** (2.17)	0.4562 (0.41)
Ins		0.0141 ** (2.34)	0.0103 *** (1.70)	0.0135 ** (2.24)	0.0137 ** (2.28)
R^2	0.16	0.39	0.43	0.57	0.46
F 检验	11.47 [0.00]	23.13 [0.00]	21.86 [0.00]	20.11 [0.00]	19.98 [0.00]
LM 检验	329.53 [0.00]	645.18 [0.00]	438.46 [0.00]	526.85 [0.00]	420.05 [0.00]
Hausman 检验	7.97 [0.01]	57.76 [0.00]	50.65 [0.00]	60.00 [0.00]	59.82 [0.00]
DWH 检验		0.53 [0.47]	3.86 [0.42]	5.61 [0.02]	1.159 [0.29]
模型设定	FE	FE	GMM	FE	FE
AR (1)			-4.05 [0.00]		
AR (2)			0.19 [0.85]		
Sargan 检验			3.51 [0.74]		

注：系数值下的括号内数字为 *t* 值，*、**、*** 分别表示在 1%、5% 和 10% 的水平上显著。检验值下的方括号内数字为 *P* 值，FE 表示固定效应。

模型 5 -7 为不包含任何控制变量的情况下，资源依赖度对绿色经济增长的净效应。此时，资源依赖度对绿色经济增长的影响系数为 -0.8305，并且在 1% 的水平上显著。

模型 5 - 8 为包含其他控制变量后，资源依赖度对绿色经济增长的影响，其中资源依赖度的影响系数为 -0.2805，在5%的水平上显著，这说明在加入了控制变量之后，资源依赖度对于绿色经济增长仍然具有负面影响。但是相比于未加入控制变量之前资源依赖度对绿色经济增长的净效应可知，控制变量的加入使得资源依赖度对绿色经济增长的负面影响大幅度减弱。

模型 5 - 9 在模型 5 - 8 的基础上加入了产业结构合理化，此时资源依赖度的影响系数变为 -0.2731，依然在5%的水平上显著。相比模型 5 - 7，资源依赖度的影响系数绝对值明显减小，相比于模型 5 - 8，资源依赖度的影响系数绝对值也有所下降，这充分说明产业结构合理化能够显著减轻资源依赖度对地区绿色经济增长的负面影响。

模型 5 - 10 在模型 5 - 8 的基础上加入了产业结构高级化，此时资源依赖度的影响系数为 -0.2230，在10%的水平上显著。相比模型 5 - 7 和模型 5 - 8，其资源依赖度的影响系数绝对值均明显变小，说明产业结构高级化也能够削弱资源依赖度对地区绿色经济增长的负面影响；相比模型 5 - 9，模型 5 - 10 中资源依赖度的系数绝对值也减少了，说明产业结构高级化削弱资源依赖度对地区绿色经济增长负面作用的力度强于产业结构合理化。

模型 5 - 11 在模型 5 - 8 的基础上加入了熵权法测算的产业结构转型升级。此时资源依赖度的影响系数为 -0.2615，在5%的水平上显著。这一影响系数绝对值依然小于模型 5 - 7 和模型 5 - 8 中资源依赖度的影响系数绝对值，说明产业结构转型升级确实能够削弱资源依赖度对地区绿色经济增长的负面影响。模型 5 - 11 与模型 5 - 9 和模型 5 - 10 对比，可以发现产业结构转型升级削弱资源依赖度对绿色经济增长负面作用力度强于产业结构合理化，但弱于产业结构高级化。

5.5.2　地级市中介传导效应分析

为了验证产业结构是资源诅咒的中介传导变量，根据前文三个方程的回归结果，对将产业结构作为中介变量的传导效应情况进行了总结，具体结果如表 5 - 7 所示。根据表 5 - 7，资源依赖度对产业结构的三个指标产业结构合理化、产业结构高级化和产业结构转型升级的回归结果都显著，满足条件一。而资源依赖度对绿色经济增长的净影响为 -0.8305，在1%的水平上显著，满足条件二。最后将产业结构的三个指标分别与资源依赖度共同纳入对绿色经济增长的研究，发现将资源依赖度同时与产业结构合理化作为核心解释变量分析时，资源依赖度系数为 -0.2731，在5%的水平上显著，这一系数绝对值相比资源依赖度对绿色经济增长的净效应的系数绝对值有所减少；资源依赖度同时与产业结构高级化作为核心解释变量分析时，资源依赖度的系数为 -0.2230，在10%水平上显著，这一系数绝对值也比资源依赖度对绿色经济增长的净效应的系数绝对值有所减少；资源依赖度同时与产业结构转型升级作为核心解释变量分析时，资源依赖度的系数为 -0.2615，在5%水平上显著，这一系数绝对值也比资源依赖度对绿色经济增长的净效应的系数绝对值有所减少。可见，资源依赖度与产业结构同时与绿色经济增长回归时，产业结构三个维度都达到了显著，此时资源依赖度的系数绝对值减少且仍然显著，满足条件三。所以产业结构合理化、产业结构高级化和产业结构转型升级都在资源依赖度与绿色经济增长之间起部分中介作用，其中产业结构高级化的中介作用最强。

表5-7　　产业结构的中介传导效应分析

模型准则	作用路径		系数	t值	显著性
自变量对中介变量的影响	资源依赖度对产业结构的影响	资源依赖度对产业结构合理化的影响	-0.1245	-2.80	1%的水平上显著
		资源依赖度对产业结构高级化的影响	-0.1979	-2.44	5%的水平上显著
		资源依赖度对产业结构转型升级影响	-0.1601	-3.17	1%的水平上显著
自变量对因变量的影响	资源依赖度对绿色经济增长的影响	资源依赖度对绿色经济增长的净效应	-0.8305	-3.52	1%的水平上显著
		加入控制变量后，资源依赖度对绿色经济增长的净效应	-0.2805	-2.24	5%的水平上显著
		资源依赖度同时与产业结构合理化作为核心解释变量时，资源依赖度系数变化	-0.2731	-2.18	相比净效应，系数绝对值变小，在5%水平上显著
		资源依赖度同时与产业结构高级化作为核心解释变量时，资源依赖度系数变化	-0.2230	-1.77	相比净效应，系数绝对值变小，在10%水平上显著
		资源依赖度同时与产业结构转型升级作为核心解释变量时，资源依赖度系数变化	-0.2615	-2.30	相比净效应，系数绝对值变小，在5%水平上显著

至此，假说5-3得以验证，产业结构是资源诅咒的传导机制之一。结合前文的分析，可以将资源依赖度、产业结构与绿色经济增长三者的关系概括为图5-2：资源依赖度通过抑制产业结构合理化和高级化而影响产业结构转

型升级，进而阻碍产业结构对绿色经济增长促进作用的发挥，最终导致绿色经济增长低下。

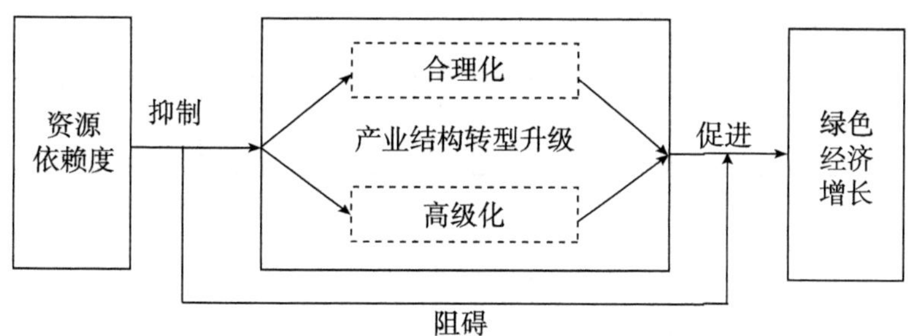

图 5-2　资源依赖度、产业结构与绿色经济增长的关系

5.5.3　资源型城市和非资源型城市对比分析

将资源依赖的区域差异与产业结构区域差异同时纳入对绿色经济增长的分析，具体的模型如下。

$$GTFP_{i,t} = \alpha_0'' + \alpha_1''DQ + \alpha_2''RD_{i,t}DQ + \alpha_3''Ind_{i,t}DQ + \eta_i + \mu_i + \varepsilon_{i,t} \quad (5-6)$$

其中 DQ 的意义与公式（5-4）相同，具体区域异质性检验结果如表 5-8 所示。

表 5-8　资源依赖度、产业结构对地区绿色经济增长的区域异质性检验

解释变量	被解释变量 GTFP					
DQ_d	-0.7379* (-5.88)	-10.6394* (-6.87)	-0.6972* (-5.72)			
DQ_n				-0.0823 (-0.74)	0.2752* (11.17)	0.1828* (9.51)
$RDDQ_d$	-0.2105*** (-1.87)	-0.1628* (-2.44)	-0.2266** (-1.93)			
$RDDQ_n$				-0.0989*** (-1.65)	-0.0450 (-0.75)	-0.0635*** (-1.74)
Ind_hDQ_d	0.0017 (0.96)					

续 表

解释变量	被解释变量 $GTFP$					
Ind_gDQ_d		0. 0643 * (3. 37)				
$Ind_{up}DQ_d$			0. 0084 * (4. 67)			
Ind_hDQ_n				0. 0376 * (10. 92)		
Ind_gDQ_n					0. 2623 ** (6. 53)	
$Ind_{up}DQ_n$						0. 0178 * (10. 53)

注：系数值下的括号内数字为 t 值，*、**、*** 分别表示在1%、5%和10%的水平上显著。

从表5－8中可知，对于资源型城市，将资源依赖度与产业结构合理化共同纳入分析，资源依赖度的影响系数为－0.2105，在10%水平上显著；而将资源依赖度与产业结构高级化共同纳入分析时，资源依赖度的影响系数为－0.1628，在1%的水平上显著；而将资源依赖度与产业结构转型升级共同纳入分析之后，资源依赖度对绿色经济增长的影响系数为－0.2266，在5%的水平上显著。

对于非资源型城市，将资源依赖度与产业结构合理化共同纳入分析，资源依赖度的影响系数为－0.0989，在10%水平上显著；而将资源依赖度与产业结构高级化共同纳入分析时，资源依赖度的影响系数为－0.0450，但是已经不再显著；而将资源依赖度与产业结构转型升级共同纳入分析之后，资源依赖度对绿色经济增长的影响系数为－0.0635，在10%的水平上显著。

对比分析得出非资源型城市的资源依赖度对绿色经济增长的影响均小于资源型城市。造成这种差距的主要原因在于：一是非资源型城市本身资源依赖度较小，其对绿色经济增长的绝对影响显然较小；二是非资源型城市的产业结构水平较高，特别是产业结构高级化的水平远远高于资源型城市，即便是在资源依赖度相同的条件下，非资源型城市较高的产业结构水平也能在很大程度上削弱资源依赖度对绿色经济增长的负面影响。

此外，不论是资源型城市还是非资源型城市，产业结构高级化在减轻资源依赖度对绿色经济增长负面影响的作用上都强于产业结构合理化。

5.5.4　资源型城市和非资源型城市的中介传导效应分析

为了分析资源型城市和非资源型城市产业结构不同维度的差异，将资源型城市和非资源型城市的具体情况进行了总结，二者的中介传导效应如表5－9所示。

表5－9　　资源型城市和非资源型城市的中介传导效应

作用路径	资源型城市			非资源型城市		
	Ind_h	Ind_g	Ind_{up}	Ind_h	Ind_g	Ind_{up}
资源依赖度对产业结构的影响	－0.2825 * (－2.94)	－0.9402 * (－8.79)	－0.3387 ** (－2.17)	－0.0089 * (4.99)	－0.1789 * (－4.41)	－0.2145 * (－4.45)
资源依赖度与产业结构同时回归，资源依赖度对绿色经济增长的影响	－0.2105 *** (－1.87)	－0.1628 * (－2.44)	－0.2165 *** (－1.93)	－0.0989 *** (－1.65)	－0.0450 ** (－2.52)	－0.0635 *** (－1.74)
资源依赖度对绿色经济增长的净效应		－0.2194 ** (－1.96)			－0.0686 *** (－1.95)	
中介效应	无中介	部分中介	部分中介	部分中介	无中介	部分中介

注：系数值下的括号内数字为 t 值，*、**、*** 分别表示在1%、5%和10%的水平上显著。

同样按照中介传导模型的三个准则来判断，对于资源型城市，产业结构高级化、产业结构转型升级都在资源依赖度与绿色经济增长之间起部分中介作用，其中产业结构高级化的中介作用最强，产业结构合理化不是资源型城市资源诅咒的传导机制；而对于非资源型城市，产业结构合理化、产业结构转型升级都在资源依赖度与绿色经济增长之间起部分中介作用，产业结构高级化不是资源依赖度与绿色经济增长关系的中介变量。

以上研究证明资源诅咒传导机制的核心问题是产业固化、产业结构转型升级受阻问题。可以这样说，产业结构转型升级是资源型城市走出资源诅咒困境的破冰之举，是一个艰难的“阵痛”过程。

这一结论从理论上证明了产业结构是资源诅咒的传导机制之一，虽然仅有较少的学者将产业结构提升到资源诅咒传导机制的高度，但是在面对资源诅咒导致经济衰退的时候，一些学者也提出利用产业结构转型升级来促进当地经济发展。不过为什么陷入困境的地区一直没有走出资源诅咒的困境呢？

而且为什么依然有地区步入资源诅咒的老路?

图 5－3 为资源型经济发展路径以及传统经济发展路径。*OPA* 线表示传统的经济增长路径，*OPB* 线表示资源依赖地区的经济增长路径，*PQC* 线表示资源依赖地区转型成功的路径。R_1 是资源依赖地区优先发展资源产业相比传统经济发展模式带来的短期利益；R_2 是资源依赖地区在转型中要承受的阵痛，这一时期，当地的经济发展甚至可能要低于资源衰退但还未转型的地区，只有承受住了这一阵痛，资源依赖地区才能“向死而生”，成功迎来经济的发展，R_2 一定大于 R_1。

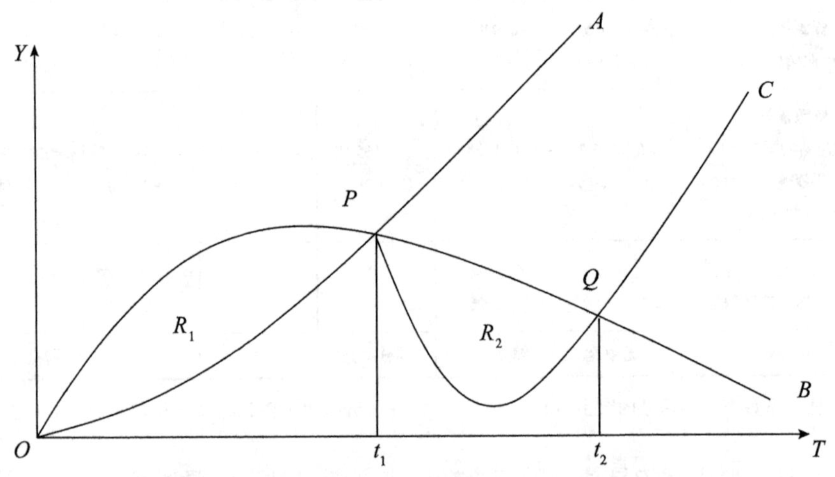

图 5－3　资源型经济发展路径以及传统经济发展路径

从图 5－3 来看，上述问题的答案如下。

第一，资源开发带来的短期收益 R_1 使城市走上了资源型经济发展道路；第二，不能承受产业结构转型升级带来的阵痛 R_2 导致当地依旧延续资源产业发展的老路；第三，产业结构转型升级的方向不对，导致当地比较优势完全丧失，经济发展路径又重回资源型行业或者比之前更落后。特别是对于资源依赖度高的地区，资源开采初期，一定会带来较大收益，但是随着资源产业的过度发展，不仅会产生黏滞效应，将人力资本等要素锁定在本产业之内，更为严重的是通过挤出效应，将人力资本、技术创新、固定资产投资等从其他可以推进经济发展的产业中挤出，造成资源富集地区产业集中在以采掘业为主的重工业领域，制约了其他产业的发展，使资源依赖地区产业结构进一步恶化。而不合理的产业结构会拖累地区经济增长水平。

综合以上分析，拥有资源这一比较优势的地区政府在制定产业政策的时候，不能只注重短期利益，过分倾向于资源产业的发展，而应该立足长远，适时培育其他附加值高、对资源依赖小的产业，让资源成为当地锦上添花的优势。

但是对于已经陷入资源诅咒陷阱的资源依赖地区，在产业结构转型升级的过程中，如果完全否定当地的资源产业，相当于将当地的产业推倒重建，给当地经济带来的阵痛过大，导致地区不能承受。所以需要立足当地的资源优势，抓住新的产业形态，逐步改变当地以资源为主的产业格局。

5.6　本章结论

资源诅咒的传导机制复杂多样，学界在分析资源诅咒产生的原因时，要么直接忽略产业结构的影响（李强、徐康宁，2013），要么直接将产业结构单一化作为分析的逻辑起点（孙永平、叶初升，2012）。有鉴于此，本章将中介传导模型引入资源依赖度、产业结构与绿色经济增长的关系分析，分析了在地级市总体、资源型城市和非资源型城市层面，产业结构的三个维度和产业结构合理化、产业结构高级化以及产业结构转型升级在资源依赖度与绿色经济增长中的中介作用，具体结论如下。

第一，资源依赖度会通过扭曲产业结构的合理化、制约产业结构的高级化，从而影响产业结构的正常演进。在地级市总体层面和资源型城市层面，资源依赖度对产业结构三个维度的影响较为显著，在非资源型城市层面，资源依赖度仅制约产业结构高级化和产业结构转型升级。

第二，产业结构通过合理化和高级化演进推动地区绿色经济增长。但是资源型城市的产业结构合理化和产业结构转型升级都没有发挥出对绿色经济增长的显著促进作用。

第三，产业结构是资源诅咒的传导机制之一，即产业结构在资源依赖度与绿色经济增长的关系中起部分中介作用。但是对于资源型城市，产业结构高级化、产业结构转型升级都在资源依赖度与绿色经济增长之间起部分中介作用，其中产业结构高级化的中介作用最强，产业结构合理化不是资源型城市资源诅咒的传导机制；而对于非资源型城市，产业结构合理化、产业结构转型升级都在资源依赖度与绿色经济增长之间起部分中介作用，产业结构高级化不是资源依赖度与绿色经济增长关系的中介变量。

第六章　资源依赖度、产业结构与绿色经济增长的动态关系

在前文资源依赖度对产业结构的影响、产业结构对绿色经济增长的影响以及三者关系的分析中，资源型城市和非资源型城市的情况存在较明显的差别。为了进一步厘清在不同资源禀赋情况下三者之间的关系，采用 PVAR 模型对资源依赖度、产业结构与绿色经济增长之间的动态关系进行分析。

PVAR 模型是一种包含固定效应的动态面板模型，它无须区分内生变量和外生变量，而是将系统中每一个内生变量作为系统中所有内生变量的滞后值的函数来分析，该模型是由 Holtz-Eakin、Newey、Rosen（1988）首次提出，后经 Love 和 Zicchino 等学者不断完善而形成的一种分析方法。可以说，PVAR 模型集成了面板数据估计方法与向量自回归模型两种方法的优点，并在一定程度上降低了向量自回归（VAR）方法对时间序列长度的限制性要求，可以较好地捕捉到样本单元个体差异性对模型参数的影响（曹海娟，2012）。

6.1　模型的构建

PVAR 模型的一般形式如下。

$$\boldsymbol{Y}_{it} = \boldsymbol{A}_0 + \sum_{i=1}^{n} \boldsymbol{\beta}_j \boldsymbol{Y}_{it-1} + \boldsymbol{\eta}_i + \boldsymbol{\gamma}_t + U_{it} \tag{6-1}$$

其中 $\boldsymbol{Y}_{it}$为包含产业结构转型升级、资源依赖度和绿色经济增长的列向量，i 代表地区，t 代表时间，j 表示模型的滞后阶数，$\boldsymbol{A}_0$ 表示截距向量，$\boldsymbol{\beta}_j$ 表示滞后变量的参数矩阵；$\boldsymbol{\eta}_i$ 为地区效应列向量，代表以固定效应形式反映的截面个体差异性；$\boldsymbol{\gamma}_t$ 为时间效应列向量，代表时间变化对截面个体的影响；U_{it} 是“白噪声”扰动项。$i=1, 2, \cdots, N$；$t=1, 2, \cdots, T$。

在方程中实际需要估算的参数是$\boldsymbol{\beta}_j$，而 PVAR 模型一般在估计参数和计

算脉冲响应函数之前，需采用前向均值差分法（Helmert 过程）去除个体效应并采用组内均值差分法（Mean-Differencing）去除时间效应，以此避免个体效应与回归元素之间因相关性而导致参数有偏估计。之后，将以自变量的滞后项作为工具变量，采用 GMM 对模型参数进行有效估计。

变量指标如下。

产业结构（*Ind*），利用前文测算出的产业结构转型升级系数作为衡量指标①。

资源依赖度（*RD*），利用地级市采掘业从业人员数量占总从业人数的比重来衡量。

绿色经济增长（*GTFP*），利用前文测算的地级市绿色经济增长水平来衡量。

6.2 单位根检验

在进行面板自回归模型估计时，首先需要对数据进行平稳性检验，否则，得出的结果可能因“虚假回归”或“伪回归”而无法准确反映各变量之间的内在逻辑关系。本书所使用的均为平衡面板数据，涉及的单位根检验方法包括 LLC 检验、IPS 检验、ADF-Fisher 等，根据上述三种方法分别对产业结构、资源依赖度和绿色经济增长三大指标进行单位根检验后，结果显示，三大指标均拒绝“存在单位根”的原假设，即原始数据平稳，具体结果如表 6－1 所示。

表 6－1　单位根检验

变量	LLC	IPS	ADF-Fisher			
	t^*	$Z_{\overline{t\%}}$	P	Z	L^*	P_m
GTFP	－24.9473 * [0.000]	－2.5951 * [0.002]	158.9970 * [0.000]	－6.5357 * [0.000]	－6.7235 * [0.000]	8.9121 * [0.000]
RD	－5.4798 * [0.000]	－1.9770 *** [0.072]	63.8214 * [0.000]	－7.3391 * [0.000]	－6.0818 * [0.000]	8.6311 * [0.000]

① 前文构建了产业结构的三个维度：产业结构合理化、产业结构高级化、产业结构转型升级。为了简化分析，在此仅选取第三个维度产业结构转型升级进行分析，省略产业结构合理化和产业结构高级化的分析，并以产业结构转型升级来代表产业结构。

续 表

变量	LLC	IPS	ADF-Fisher			
	t^*	$Z_{\overline{t\%}}$	P	Z	L^*	P_m
Ind	-10.3058* [0.000]	-2.5875* [0.002]	125.3013* [0.000]	-5.2507* [0.000]	-5.6528* [0.000]	8.1197* [0.000]
结论	平稳	平稳			平稳	

注：*、*** 分别表示在 1%、10% 的水平上显著。

6.3 最佳滞后阶数检验

相较于 VAR 模型，PVAR 模型对数据的要求有所放宽，如果 T 为时间序列长度，m 为滞后阶数，$T \geqslant m+3$，方可对方程的参数进行估计，若 $T \geqslant 2m+2$ 就可以在稳态下得到滞后项参数。于是，根据 MAIC、MBIC 和 MQIC 最小化原则，将模型滞后阶数确定为 1，由上述不等式可知此滞后阶数是有效的。具体的滞后阶数检验结果详如表 6-2 所示。

表 6-2　最佳滞后阶数检验

Lag		1	2	3
地级市总体	*MBIC*	-167.561*	-107.659	-57.6654
	MAIC	-12.989*	-4.611	-6.141
	MQIC	-69.389*	-42.211	-24.941
非资源型城市	*MBIC*	-152.877*	-114.519	-59.506
	MAIC	-16.925	-23.884*	-14.188
	MQIC	-68.275*	-58.118	-31.305
资源型城市	*MBIC*	-160.060*	-102.011	-50.913
	MAIC	-23.918*	-11.250	-5.532
	MQIC	-75.323*	-45.519	-22.667

注：* 表示对应准则下选择的阶数。

从表 6-2 可知，对于非资源型城市，三种准则并不一致，但是 MBIC、MQIC 准则要优于 MAIC 准则，所以将其滞后阶数选为一阶；地级市总体和资源型城市的三种检验结果一致，所以都选择一阶滞后。

6.4　动态面板的 GMM 估计

在 PVAR 模型估计之前，需采用前向均值差分法去除个体效应，采用组内均值差分法去除时间效应，避免个体效应与回归元素之间因相关性而导致参数有偏估计。之后，以自变量的滞后项作为工具变量，采用 GMM 对模型参数进行有效估计，结果如表 6 – 3 所示。

表 6 – 3　　动态面板的 GMM 估计结果

地区	解释变量	被解释变量					
		h_GTFP		*h_RD*		*h_Ind*	
		系数	*P* 值	系数	*P* 值	系数	*P* 值
地级市总体	*L. h_GTFP*	0. 018	0. 066	–0. 5932	0. 000	–0. 0625	0. 153
	L. h_RD	–0. 686	0. 000	0. 5901	0. 000	–0. 1984	0. 076
	L. h_Ind	0. 008	0. 937	–0. 077	0. 000	0. 9190	0. 000
资源型城市	*L. h_GTFP*	–0. 087	0. 056	0. 007	0. 611	0. 042	0. 034
	L. h_RD	–0. 804	0. 080	1. 005	0. 000	–0. 649	0. 001
	L. h_Ind	–0. 200	0. 000	0. 022	0. 000	0. 922	0. 000
非资源型城市	*L. h_GTFP*	0. 125	0. 019	–0. 675	0. 209	0. 015	0. 057
	L. h_RD	–0. 052	0. 000	0. 412	0. 000	–0. 010	0. 000
	L. h_Ind	0. 494	0. 037	–0. 128	0. 000	0. 778	0. 000

注：在进行 PVAR 分析之前，需要对变量进行 Helmert 转换，所以表中变量都有一个前缀 *h_*，字母 *L* 表示滞后算子，表示变量的滞后一阶值。

6. 4. 1　地级市总体 GMM 结果分析

对于地级市总体，当绿色经济增长为被解释变量时，滞后一期的绿色经济增长对当前的绿色经济增长影响的系数值为 0. 018，在 15% 的水平上显著；而滞后一期的资源依赖度对绿色经济增长的影响系数为 –0. 686，可见资源依赖会显著影响地区的绿色经济增长提高。滞后一期的产业结构对绿色经济增长的影响并不显著，但是有潜在的正向影响，这说明我国地级市总体层面产业结构转型升级还存在较大的提升空间，经济结构调整对经济高质量发展的巨大红利效应还没有显现，我国现阶段仍要不遗余力地推进产业结构的转型升级，这才是提升经济高质量发展的一个根本性举措。

当资源依赖度为被解释变量时，滞后一期的绿色经济增长和产业结构对资源依赖度的影响都显著为负，说明绿色经济增长和产业结构的提高会在一定程度上遏制资源依赖的加剧。而滞后一期的资源依赖度对资源依赖度本身的影响显著为正，影响系数更是高达 0. 5901，可见资源依赖会产生恶性循环，加剧地区资源依赖的程度。

当产业结构为被解释变量时，滞后一期的绿色经济增长对其的影响并不显著，但是存在潜在的负面影响。这说明我国地级市总体绿色经济增长还不稳定，绿色经济增长与产业结构还没有形成良性的互动效应。滞后一期的资源依赖度对产业结构在 15% 的水平上有负面影响，进一步说明了资源依赖的加剧会遏制地区产业结构转型升级，使得产业结构转型升级的红利效应难以发挥。滞后一期的产业结构对自身的影响显著为正，说明了产业结构转型升级具有较强的自我增强机制。

6. 4. 2 资源型城市 GMM 结果分析

对于资源型城市，当绿色经济增长为被解释变量时，滞后一期的绿色经济增长对当前的绿色经济增长的影响系数为 -0. 087，这说明资源型城市的绿色经济增长波动性较大，绿色经济增长呈现出“时松时紧”的状态。这一结论与李江龙、徐斌（2018）的研究结果一致。而滞后一期的资源依赖度对绿色经济增长的影响系数为 -0. 804，在 15% 水平上显著，可见资源型城市的资源依赖度会影响地区的绿色经济增长提高。滞后一期的产业结构对绿色经济增长的影响系数为 -0. 200，并且在 1% 的水平上显著，可见资源型城市层面与地级市总体层面一样，产业结构转型升级对绿色经济增长的结构红利效应并没有发挥出来，资源型城市的产业结构转型升级水平仍然较低，需要更加深入促进资源型产业结构转型升级。

当资源依赖度为解释变量时，滞后一期的绿色经济增长对资源依赖度的影响为正，但是并不显著。资源型城市的绿色经济增长对资源依赖度有弱的正向影响，这说明资源型城市绿色经济增长水平的提升，仍然集中于资源产业的开发。而滞后一期的资源依赖度对资源依赖度本身的影响显著为正，系数更是高达 1. 005，可见资源依赖会产生恶性循环，加剧地区资源依赖的程度。滞后一期的产业结构对资源依赖度的影响系数为 0. 022，并且在 1% 的水平上显著，说明资源型城市仍未找到促进地区产业结构转型升级的措施，主导产业仍然停留在以资源开发为主的重工业产业中。

当产业结构为被解释变量时，滞后一期的绿色经济增长和产业结构对地区产业结构都有正向促进作用，但是资源依赖度对产业结构产生较为严重的负向影响，其影响系数为 -0.649，并且在1%的水平上显著。结合资源型城市产业结构对资源依赖度的影响，可知，资源型城市的产业结构与资源依赖形成了恶性循环，资源依赖会加剧资源型城市产业结构的恶化，而产业结构也没有发挥出对经济增长的结构效应，导致地区为了维持增长进一步重视发展以资源开发为主的重工业产业。

6.4.3　非资源型城市 GMM 结果分析

对于非资源型城市，当绿色经济增长为被解释变量时，滞后一期绿色经济增长对绿色经济增长的影响系数为正，并且在5%的水平上显著。这说明了非资源型城市绿色经济增长具有显著的自我促进作用。滞后一期的资源依赖度对绿色经济增长的影响系数为 -0.052，并且在1%的水平上显著，这说明对于非资源型城市，自然资源的依赖也会给绿色经济增长带来负面影响，虽然非资源型城市的资源保有量有限，但是资源依赖度的增加，可能会部分地将其他生产部门的要素吸引到资源行业相关部门，对地区经济增长产生不良影响。但是从系数绝对值来看，非资源型城市（0.052）要明显低于资源型城市（0.804）和地级市总体（0.686），这是因为非资源型城市的制度质量、产业结构、技术创新等都高于资源型城市，在较大程度上遏制了资源依赖度对绿色经济增长的负面影响。滞后一期的产业结构对绿色经济增长的影响显著为正，其影响系数为0.494，比滞后一期的绿色经济增长的影响更强，可见非资源型城市的绿色经济增长快速提高，在很大程度上得益于产业结构转型升级带来的结构红利。

当资源依赖度为被解释变量时，滞后一期的绿色经济增长对资源依赖度的影响并不显著，但是存在潜在的负面影响，可见非资源型城市的绿色经济增长对于降低资源依赖度有潜在的作用。滞后一期的资源依赖度对资源依赖度本身仍有显著的促进作用。而滞后一期的产业结构对资源依赖度有负面影响，且在1%的水平上显著，这说明非资源型城市的产业结构转型升级能够显著降低地区资源依赖度。

当产业结构为被解释变量时，滞后一期的绿色经济增长和滞后一期的产业结构对其的影响都显著为正，结合前文可知，非资源型城市的绿色经济增长和产业结构都具有较强的自我强化机制。滞后一期的资源依赖度对产业结构的影响系数为 -0.010，且在1%的水平上显著，说明资源依赖度的增加会损害地区产业结构的转型升级，这在地级市总体与资源型城市层面都存在。但是从系数绝对值来看，非资源型城市（0.010）要小于地级市总体（0.1984）和资源型城市（0.649）。

6.5 面板格兰杰检验

产业结构、资源依赖度和绿色经济增长均为平稳面板数据，为进一步考证其中某一变量是否对另一变量有“预测能力”，进行面板格兰杰因果检验，检验结果如表 6 -4 所示。

表 6 -4　　面板格兰杰因果检验结果

表格分区	被解释变量	解释变量	地级市总体		资源型城市		非资源型城市	
			chi^2（卡方统计量）	$Prob > chi^2$（卡方值的 P 值）	chi^2（卡方统计量）	$Prob > chi^2$（卡方值的 P 值）	chi^2（卡方统计量）	$Prob > chi^2$（卡方值的 P 值）
（Ⅰ）	ln*GTFP*	ln*RD*	15.860	0.000	4.054	0.044	1.386	0.239
	ln*GTFP*	ln*Ind*	5.792	0.016	0.915	0.039	0.006	0.937
（Ⅱ）	ln*RD*	ln*GTFP*	4.502	0.034	2.934	0.087	4.014	0.045
	ln*RD*	ln*Ind*	8.447	0.004	13.488	0.000	15.753	0.000
（Ⅲ）	ln*Ind*	ln*GTFP*	1.865	0.172	0.309	0.578	2.046	0.153
	ln*Ind*	ln*RD*	55.005	0.000	7.352	0.007	3.142	0.076

根据表 6 -4（Ⅰ）部分，对于地级市总体层面，在以绿色经济增长为被解释变量的方程中，检验变量资源依赖度和产业结构的卡方统计量分别为 15.860 和 5.792，对应的 P 值为 0.000 以及 0.016，均显著拒绝“资源依赖度和产业结构不是绿色经济增长的格兰杰原因”的原假设，因此地级市总体的资源依赖度和产业结构是绿色经济增长的格兰杰原因；对于资源型城市，在以绿色经济增长为被解释变量的方程中，检验变量资源依赖度和产业结构的

卡方统计量分别为 4.054 和 0.915，对应的 P 值为 0.044 以及 0.039，均在 5% 的显著性水平上拒绝"资源依赖度和产业结构不是绿色经济增长的格兰杰原因"的原假设，因此资源型城市的资源依赖度和产业结构是绿色经济增长的格兰杰原因；对于非资源型城市，在以绿色经济增长为被解释变量的方程中，检验变量资源依赖度和产业结构的卡方统计量分别为 1.386 和 0.006，对应的 P 值为 0.239 以及 0.973，均无法拒绝"资源依赖度和产业结构不是绿色经济增长的格兰杰原因"的原假设，因此非资源型城市的资源依赖度和产业结构不是绿色经济增长的格兰杰原因。

同理，根据表 6－4（Ⅱ）和（Ⅲ）部分可得出，对于地级市总体，绿色经济增长和产业结构都是资源依赖度的格兰杰原因，而绿色经济增长不是产业结构的格兰杰原因，资源依赖度是产业结构的格兰杰原因；对于资源型城市，绿色经济增长不是资源依赖度的格兰杰原因，但产业结构是资源依赖度的格兰杰原因，绿色经济增长不是产业结构的格兰杰原因，资源依赖度是产业结构的格兰杰原因；对于非资源型城市，绿色经济增长和产业结构都是资源依赖度的格兰杰原因，绿色经济增长不是产业结构的格兰杰原因，资源依赖度是产业结构的格兰杰原因。

6.6　模型稳定性检验

在 PVAR 模型估计中，通常需要对变量进行脉冲响应分析和方差分解，以明确每一个内生变量的变化对模型中其他变量的影响，而在此之前，必须对 PVAR 模型进行稳定性检验。根据 Lütkepohl 的研究结果，只有在伴随矩阵所有特征根的模小于 1 时，模型才是稳定的。结果发现，建立的这三个模型的特征根的模均小于 1（见表 6－5），而且从图 6－1 可知三个模型的所有特征值都落入单位圆以内，这足以证明本书构建的 PVAR 模型是稳定的。

表 6－5　　　　PVAR 模型的稳定性检验结果

特征根个数	地级市总体			非资源型城市			资源型城市		
	实值	虚值	模	实值	虚值	模	实值	虚值	模
1	0.9625	0.2133	0.9684	0.9625	0.2133	0.9684	0.9445	0.2282	0.9717
2	0.9625	－0.2133	0.9684	0.9625	－0.2133	0.9684	0.9727	－0.2282	0.9727
3	0.0777	0	0.0777	0.0777	0	0.0777	0.0210	0	0.0210

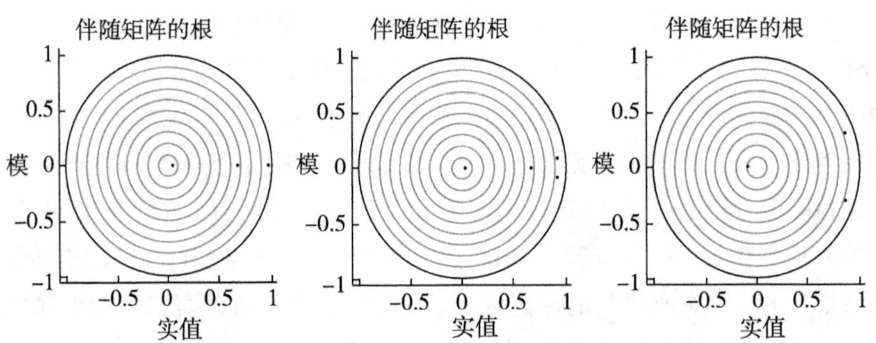

图 6-1 PVAR 平稳性检验结果

注：从左到右依次为地级市总体、资源型城市和非资源型城市的 PVAR 平稳性检验结果。

6.7 脉冲响应分析

PVAR 模型作为一种非理论模型，其系数所能解释的经济学意义有限，所以需要进一步采用脉冲响应函数进行分析，脉冲响应函数用来刻画内生变量对误差变化的大小，具体而言，它刻画的是在误差项上加一个标准差大小的冲击对内生变量的当期值和未来值的影响。它可以较为直观地反映模型中各变量之间的交互关系。由于脉冲响应函数是通过 PVAR 参数构造的，需要考虑标准差，而标准差又难以通过计算获得，本书将通过蒙特卡洛方法模拟产生置信区间，基于上述 PVAR 模型的稳定性前提，地级市总体、资源型城市和非资源型城市的脉冲响应分析如下。

6.7.1 地级市总体脉冲响应分析

图 6-2 为地级市总体脉冲响应。

面对来自自身的冲击，产业结构呈现持续而稳定的正向反馈。但是面对来自资源依赖度的冲击，产业结构则呈现出持续而稳定的负向反馈，这说明资源依赖度的增强会对产业结构转型升级产生持续稳定的负面影响。面对来自绿色经济增长的冲击，产业结构呈现出正向响应。这说明绿色经济的发展会促进产业结构转型升级，而且其作用持续有效。这一点在李江龙、徐斌（2018）的研究中也得到证实。

面对来自产业结构的冲击，资源依赖度呈现出持续而稳定的负向反馈，

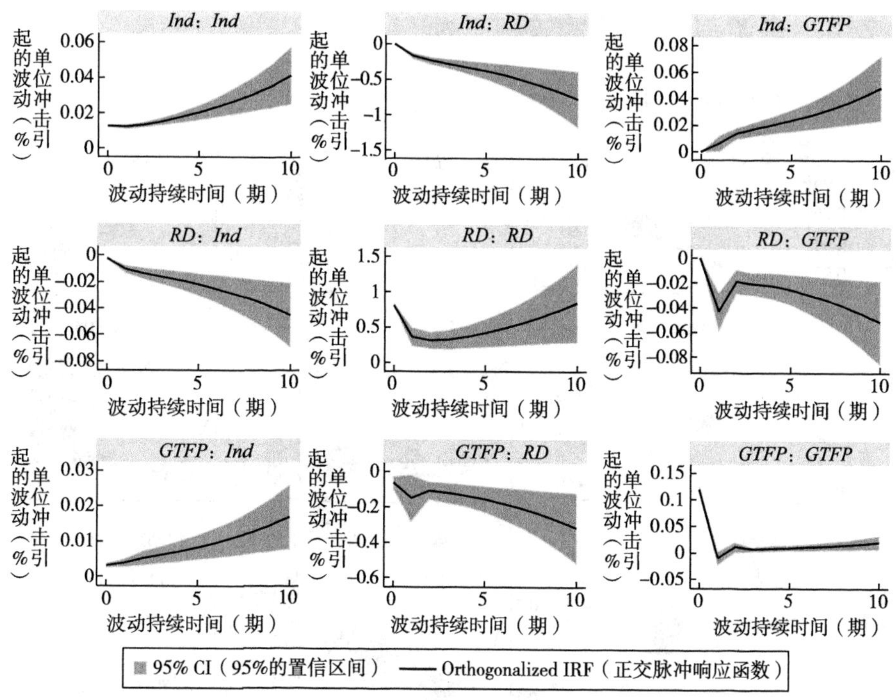

图 6 – 2　地级市总体脉冲响应

这正说明了产业结构转型升级对降低资源依赖度有显著的影响，并且随着产业结构转型升级的推进，其对资源依赖度的降低作用持续而稳定。面对来自自身的影响，资源依赖度的反馈持续为正。面对来自绿色经济增长的冲击，资源依赖度在较早期出现向上的趋势，此外，资源依赖度基本呈现负向反馈，说明绿色经济增长提高，长期内能够减轻地区对自然资源的依赖程度。

面对来自产业结构的冲击，绿色经济增长呈现出显著而持久的正向反馈，说明我国产业结构转型升级有力地促进了绿色经济增长的发展进程，说明我国产业结构转型升级总体有一定的成效。面对来自资源依赖度的冲击，绿色经济增长出现了负的反馈，尽管期间有小幅回升，但是其负向反馈较为持续，说明资源依赖会对绿色经济增长造成不良影响，这也是本书论述的广义上的资源诅咒的体现。面对来自自身的冲击，绿色经济增长迅速出现较大的反馈，但是很快就回落。

6.7.2 资源型城市脉冲响应分析

图 6－3 为资源型城市脉冲响应。

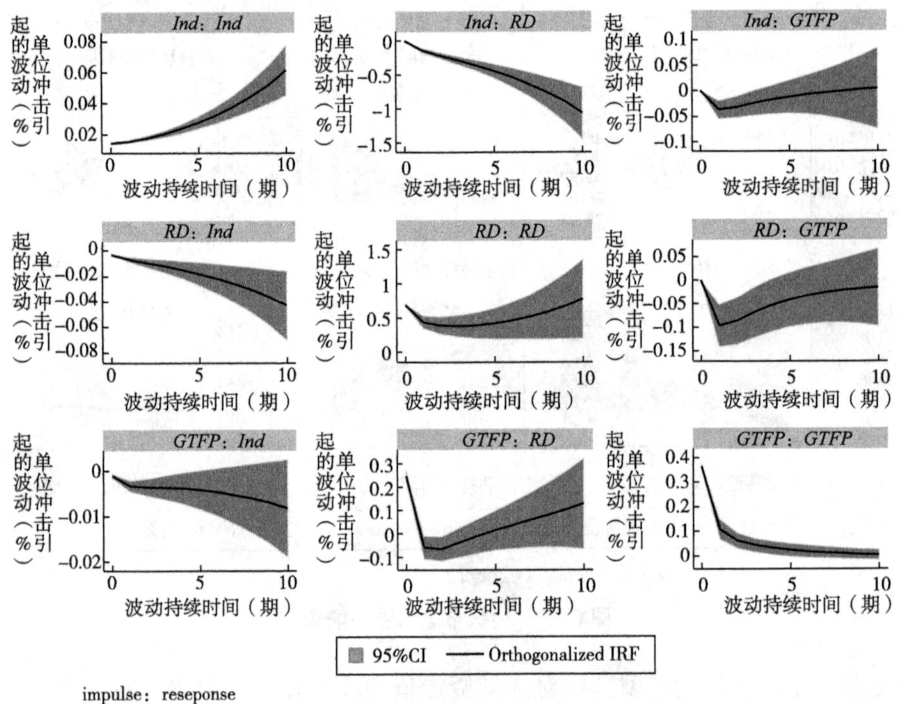

图 6－3 资源型城市脉冲响应

面对来自自身的冲击，产业结构有持续的正向反馈，说明即便是在资源型城市，产业结构转型升级依旧存在自我提高机制。面对资源依赖度的冲击，产业结构迅速出现负的反馈，并且这一影响是长期存在的，十期之后依然比较显著，这说明在资源型城市，资源依赖度对产业结构的正常演进存在非常显著的负向反馈机制。面对来自绿色经济增长的冲击，产业结构呈现负向反馈，并且在十期之后依然比较显著，可见资源型城市的绿色经济增长水平提高并未有效促进地区产业结构转型升级，资源型城市的经济增长依旧寄托在对自然资源的开发上，因此主导产业还处于以资源开发为主的重工业中，难以实现产业结构的转型升级。

面对来自产业结构的冲击，资源依赖度出现持续而稳定的负面反馈，这说明产业结构的转型升级能够有效减轻资源依赖度。资源型城市应该不遗余力地推进产业结构转型升级，这对于减弱地区资源依赖程度有巨大的作用。面对来自自身的冲击，资源依赖度的反馈显著大于零，资源依赖本身会加剧地区资源依赖，这是因为资源产业开发需要投入大量的沉没成本，此后资源开发者为了利益会不断加大对自然资源的开发力度，导致地区资源依赖不断增强。面对来自绿色经济增长的冲击，资源依赖度的反馈在一开始就达到了0.25，之后迅速达到最低，又逐渐回升，可见资源型城市的经济增长在较大程度上仍然依赖于资源开发，虽然在短期内有减轻自然资源依赖的希望，但是长久来看，资源型城市仍旧无法摆脱资源依赖。

面对来自产业结构的冲击，绿色经济增长呈现出弱的负相关，这说明资源型城市的产业结构转型升级不足，不仅没有发挥出产业结构转型升级给地区经济增长带来的结构红利，反而拖累了地区经济增长，进一步证明了产业结构是资源型城市资源诅咒的一个传导机制。面对来自资源依赖度的冲击，绿色经济增长总体上呈现出负面的反馈，说明资源型城市的资源依赖度会阻碍绿色经济增长提高。面对来自自身的冲击，绿色经济增长的反馈先是显著大于0，约达到0.35，但很快回落，逐渐恢复到0。

6.7.3　非资源型城市脉冲响应分析

图6－4为非资源型城市脉冲响应。

面对来自自身的冲击，产业结构呈现出稳定而持续的正向反馈，而且其正向作用要远远大于资源型城市的情况，这说明非资源型城市的产业结构转型升级的自我提升机制非常强大。面对来自资源依赖度的冲击，产业结构呈现了负向响应，而且绝对值也同样大于资源型城市的，这说明非资源型城市的资源依赖对产业结构的正常演进也存在较强反馈机制。但是由于非资源型城市的资源依赖度本身比较低，非资源型城市的产业结构转型升级受到的影响并没有比资源型城市大，再加上非资源型城市产业结构自我调节机制较强，其产业结构转型升级并没有被破坏。面对来自绿色经济增长的冲击，产业结构迅速出现正反馈，而且这一变化长期存在，这也说明了非资源型城市的绿色经济增长有效地促进了地区产业结构的转型升级。

面对来自产业结构的冲击，资源依赖度呈现出持续而稳定的负向反馈，说明产业结构转型升级能够显著降低地区的资源依赖度。面对来自自身的冲击，资源依赖度的反馈与资源型城市的情况一致，都呈现出持续的正向反馈，

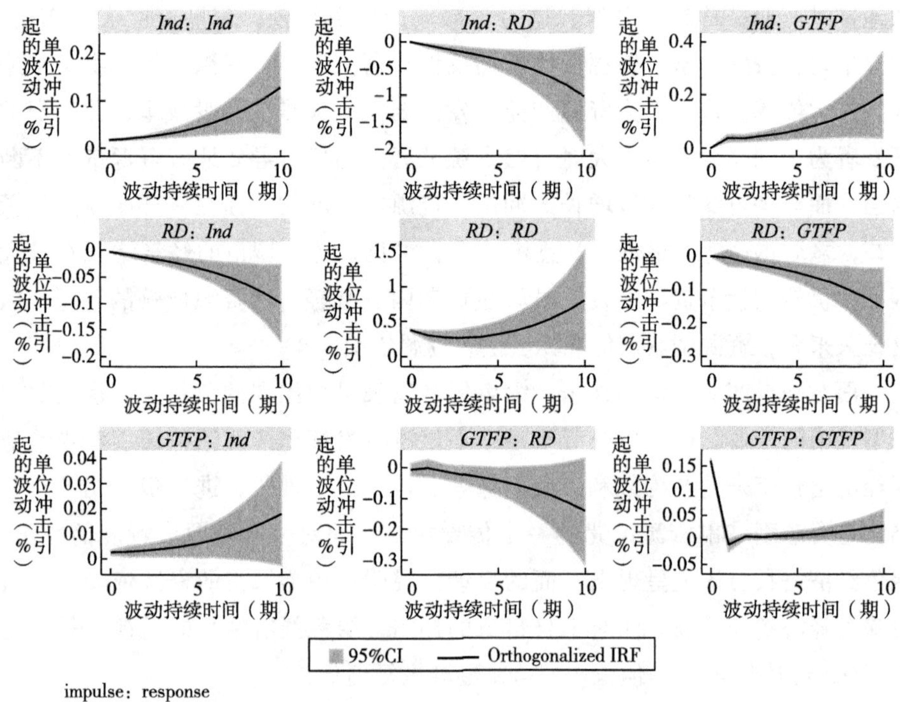

图6－4　非资源型城市脉冲响应

这说明资源依赖度本身难以通过自我调节而减弱。政府需要通过创新优化、制度调节、产业结构调整等逐步使地区经济摆脱对资源的依赖。面对来自绿色经济增长的冲击，资源依赖度呈现出显著而持续的负向反馈，说明非资源型城市的绿色经济增长可以有效减轻地区资源依赖度，或者说非资源型城市的绿色经济增长的主要动力并非来自资源开发，其创新能力、产业结构转型升级等都在很大程度上降低了资源开发在地区经济增长中的作用。

面对来自产业结构的冲击，绿色经济增长呈现出较高的正向反馈，这说明非资源型城市的产业结构转型升级有效地促进了地区绿色经济增长提升。而面对来自资源依赖度的冲击，绿色经济增长呈现出持续而稳定的负向反馈，这说明即便是在非资源型城市，资源依赖度依旧会对绿色经济增长产生负面影响。面对来自自身的冲击，绿色经济增长整体呈现出正向反馈，一开始就达到最高点，但是后面迅速下降，甚至略低于0，出现微弱的负向反馈，这一现象说明了非资源型城市的绿色经济增长也呈现出波动性。

6.8 方差分解

本章还使用了方差分解，在脉冲响应函数分析的基础上，进一步计算某一变量的冲击对其他变量产生的影响的相对重要性。

6.8.1 地级市总体方差分解结果

表6-6为地级市总体方差分解结果。

表6-6 地级市总体方差分解结果

时间	*GTFP*			*RD*			*Ind*		
	GTFP	*RD*	*Ind*	*GTFP*	*RD*	*Ind*	*GTFP*	*RD*	*Ind*
step-0	0	0	0	0	0	0	0	0	0
step-1	1	0	0	0.0002	0.9998	0	0.0001	0.0309	0.9690
step-2	0.9908	0.0011	0.0081	0.0019	0.9786	0.0195	0.0005	0.0565	0.9430
step-3	0.9860	0.0018	0.0124	0.0023	0.9483	0.0494	0.0005	0.0844	0.9151
step-4	0.9837	0.0018	0.0145	0.0023	0.9163	0.0814	0.0004	0.1125	0.8871
step-5	0.9827	0.0018	0.0155	0.0022	0.8864	0.1114	0.0004	0.1390	0.8606
step-6	0.9822	0.0018	0.0160	0.0020	0.8600	0.1380	0.0003	0.1632	0.8365
step-7	0.9820	0.0018	0.0162	0.0019	0.8373	0.1608	0.0003	0.1849	0.8148
step-8	0.9818	0.0018	0.0164	0.0018	0.8181	0.1801	0.0003	0.2042	0.7955
step-9	0.9817	0.0018	0.0165	0.0017	0.8019	0.1964	0.0003	0.2211	0.7786
step-10	0.9816	0.0018	0.0166	0.0016	0.7882	0.2102	0.0003	0.2359	0.7638

对于绿色经济增长的方差解释：地级市总体绿色经济增长的最主要贡献来自自身，在第二期达到最大之后，逐渐减小，不过仍然占据绝对优势地位。而资源依赖度对绿色经济增长的影响从第三期开始处于稳定的状态，仅有0.0018。产业结构对绿色经济增长的贡献虽然不断提高，但是整体水平偏低。

对于资源依赖度的方差解释：绿色经济增长对资源依赖度的影响在第三期、第四期达到最大，之后逐渐减弱，但是总体水平偏低。除却自身的冲击影响外，产业结构对资源依赖度的影响程度较大，最高达到21%，说明产业结构能够有效影响资源依赖度。

对于产业结构的方差解释：资源依赖度对产业结构的影响程度最高达到23.59%。

6.8.2 资源型城市方差分解结果

表6－7为资源型城市方差分解结果。

表6－7　资源型城市方差分解结果

时间	*GTFP*			*RD*			*Ind*		
	GTFP	*RD*	*Ind*	*GTFP*	*RD*	*Ind*	*GTFP*	*RD*	*Ind*
step－0	0	0	0	0	0	0	0	0	0
step－1	1	0	0	0.0002	0.9998	0	0.0033	0.0002	0.9965
step－2	0.9908	0.0079	0.0013	0.0013	0.9889	0.0098	0.0075	0.0206	0.9719
step－3	0.9800	0.0182	0.0018	0.0023	0.9666	0.0311	0.0084	0.0652	0.9264
step－4	0.9689	0.0293	0.0018	0.0033	0.9354	0.0613	0.0080	0.1304	0.8616
step－5	0.9578	0.0403	0.0019	0.0044	0.8974	0.0982	0.0072	0.2095	0.7833
step－6	0.9468	0.0508	0.0024	0.0054	0.8549	0.1397	0.0062	0.2947	0.6991
step－7	0.9362	0.0601	0.0037	0.0063	0.8100	0.1837	0.0054	0.3782	0.6164
step－8	0.9261	0.0680	0.0059	0.0071	0.7647	0.2282	0.0047	0.4538	0.5415
step－9	0.9169	0.0741	0.0090	0.0079	0.7208	0.2713	0.0043	0.5172	0.4785
step－10	0.9085	0.0785	0.0130	0.0085	0.6802	0.3113	0.0041	0.5665	0.4294

从绿色经济增长的方差分解结果来看，绿色经济增长主要受自身的影响比较大，资源依赖度和产业结构对绿色经济增长的促进作用有限。

从资源依赖度的方差分解结果来看，资源依赖度主要受到自身和产业结构的影响，产业结构对资源依赖度的影响程度最高超过31%。

从产业结构的方差分解结果来看，资源依赖度对产业结构的影响程度在第九期和第十期已经超越了50%，并且超过了产业结构自身的冲击影响，成为影响地区产业结构的最主要的因素。可见，在资源型城市，资源依赖的存在已经成为影响当地产业结构正常演进的重要因素，并且这一影响的持续时间较长。

6.8.3 非资源型城市方差分解结果

表6－8为非资源型城市方差分解结果。

表 6－8　　非资源型城市方差分解结果

时间	*GTFP*			*RD*			*Ind*		
	GTFP	*RD*	*Ind*	*GTFP*	*RD*	*Ind*	*GTFP*	*RD*	*Ind*
step－0	0	0	0	0	0	0	0	0	0
step－1	1	0	0	0. 1643	0. 8357	0	0. 0348	0. 0428	0. 9224
step－2	0. 8470	0. 1089	0. 0441	0. 1167	0. 6883	0. 1950	0. 0277	0. 0432	0. 9291
step－3	0. 8013	0. 1557	0. 0430	0. 0916	0. 5899	0. 3185	0. 0247	0. 0458	0. 9295
step－4	0. 7771	0. 1791	0. 0438	0. 0767	0. 5238	0. 3995	0. 0229	0. 0485	0. 9286
step－5	0. 7572	0. 1905	0. 0523	0. 0675	0. 4779	0. 4546	0. 0217	0. 0508	0. 9275
step－6	0. 7388	0. 1957	0. 0655	0. 0614	0. 4453	0. 4933	0. 0208	0. 0528	0. 9264
step－7	0. 7220	0. 1974	0. 0806	0. 0573	0. 4216	0. 5211	0. 0202	0. 0543	0. 9255
step－8	0. 7074	0. 1976	0. 0950	0. 0544	0. 4041	0. 5415	0. 0198	0. 0555	0. 9247
step－9	0. 6951	0. 1970	0. 1079	0. 0523	0. 3911	0. 5566	0. 0193	0. 0565	0. 9242
step－10	0. 6849	0. 1962	0. 1189	0. 0507	0. 3812	0. 5681	0. 0191	0. 0572	0. 9237

对于绿色经济增长的方差解释，虽然非资源型城市的绿色经济增长最主要的贡献来自自身，但是产业结构对其贡献不断增加，到第十期依旧处于增长趋势。

对于资源依赖度的方差解释，除却自身的冲击影响外，产业结构对资源依赖度的影响程度较大，最高超过 56%，说明非资源型城市的产业结构能够有效影响本地的资源依赖度。

对于产业结构的方差解释，资源依赖度对产业结构的影响虽然不断变大，到第十期约达到 5. 7%，但是对比资源型城市，这一影响明显偏小。

6. 9　本章结论

资源诅咒是一个动态发展的过程，天赋资源在人类的活动作用下，逐渐演变，甚至阻碍了经济的发展。为了对资源依赖度、产业结构与绿色经济增长之间的动态冲击和反馈机制进行研究，本章将 PVAR 引入研究，从地级市总体、资源型城市和非资源型城市三个不同层面展开分析。本章结论如下。

第一，资源依赖度对产业结构存在显著的负向影响。这种负向影响在不同资源类型的地区都存在。在动态面板的 GMM 估计中，资源依赖度对产业结构的负面影响尽管大小不同，但都显著为负；在脉冲响应分析中，面对来自资源依赖度的冲击，产业结构呈现出持续且绝对值增长的负向反馈。

第二，资源型城市的产业结构没有发挥出对绿色经济增长的结构红利；地级市总体和非资源型城市产业结构都对绿色经济增长显示促进作用，但是地级市总体的促进作用要显著小于非资源型城市。总之，我国产业结构转型升级仍然需要进一步推进，以期发挥出对绿色经济增长的结构红利。

第三，产业结构存在较强的自我强化机制。这种自我强化机制在不同资源类型的地区都显著，在动态面板的 GMM 估计中，产业结构转型升级对自身的影响系数均较大，且在 1% 的水平上显著。在脉冲响应分析中，产业结构面对来自自身的冲击都呈现出持续而稳定的正向反馈。在方差分解中，产业结构对自身的贡献都占据了绝大部分。

第七章　资源诅咒传导机制的验证

前文对地级市层面的资源诅咒进行了验证，结果发现：资源依赖度与绿色经济增长之间呈现倒 U 形的关系，可见天赋资源并不总会导致资源诅咒，资源诅咒并不是发生于所有资源丰裕地区的必然现象。世界上许多拥有丰裕自然资源的国家如美国、澳大利亚、加拿大、马来西亚等在获取巨额资源财富的同时，成功规避了资源诅咒，经济保持健康持续增长。究竟资源诅咒的产生机理是怎样的？为何自然资源开采初期能够为地区经济带来巨大的财富，却不能保障地区经济的长期可持续发展？本章从资源诅咒的传导机制着手分析，试图解决这些问题，为资源型城市的可持续发展提供必要的借鉴。

7.1　地级市资源诅咒传导机制框架的建立

文献综述部分已经对资源诅咒的传导机制进行了充分讨论，国内外学者对资源诅咒的传导机制进行了大量深入的研究，但是资源诅咒的成因复杂多样。研究对象的差异、研究时段的先后、研究地区的不同等都会造成资源诅咒传导机制的差别，准确理解地区资源诅咒传导机制是一个较为复杂的难题。

目前关于资源诅咒传导机制的研究成果主要集中于国家层面，从地级市层面展开资源诅咒传导机制研究的相对较少。从地级市层面对于资源诅咒传导机制进行深入研究，可以帮助资源依赖地区从更为微观的层面来解决资源诅咒的问题，实现经济的可持续发展。

本书在前人研究的基础上，综合地级市的特点，构建了地级市资源诅咒传导机制框架，如图 7 – 1 所示。在图 7 – 1 中，将荷兰病效应并入挤出效应中的挤出制造业水平，荷兰病效应的发生机制即为资源行业发展对其他行业

特别是制造业的影响①；因为中心—外围论是针对资源依赖地区的对外贸易来展开研究的，所以将国际贸易视角下的中心—外围论并入挤出效应的对外贸易中；前文的实证研究证明了产业结构在地级市资源诅咒中的部分中介效应，所以将产业结构也纳入传导机制框架②。

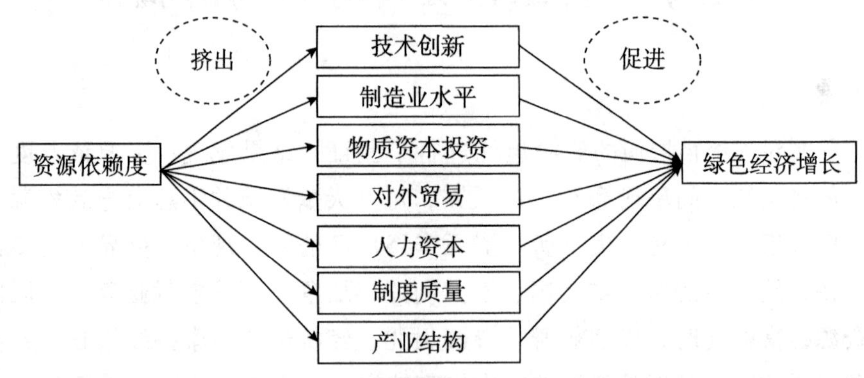

图7－1　地级市资源诅咒传导机制框架

基于以上地级市资源诅咒传导机制框架，可以得出如下基本假设。

第一，资源依赖度对技术创新产生挤出效应，进而影响其对绿色经济增长的促进作用。技术创新能力提升是经济增长的重要决定因素，中共十八大明确提出科技创新是提高社会生产力和综合国力的战略支撑，必须摆在国家发展全局的核心位置。而资源产业的创新动力不足，还会将创新者和企业家吸引到初级产业部门生产中，导致企业家的创新能力受到限制，使得经济缺乏内生增长的动力（Sachs 和 Warner，1997）。

第二，资源依赖度对制造业水平产生挤出效应，抑制了制造业对绿色经济增长驱动作用的发挥。相比于资源开发和初加工行业，制造业具有“干中学”和技术溢出效应，被视为经济增长的基础，制造业对城市经济增长起促进作用。而资源产业的发展，将生产要素吸引到其中，不利于制造业的发展。

第三，资源依赖度对物质资本投资产生挤出效应，使得物质资本投资对

① 荷兰病效应不仅包括对制造业的影响，荷兰病效应的产生还会使企业家的创新行为受损、高级技术人员被剥离出产业。但是从要素转移角度来讲，荷兰病效应对于制造业的影响最为显著。对于企业家创新行为和高级技术人员的挤出在对技术创新的挤出效应和对人力资本的挤出效应中也可以被度量。

② 本章第三节的资源诅咒挤出效应的分析中仅使用了产业结构的一个维度即产业结构转型升级来进行度量。

经济增长的拉动作用难以发挥。丰裕的自然资源在短期内提供了丰裕的财富，使人们减少了现有资本在未来的投资需求。尽管在现阶段经济发展的驱动力要转向创新驱动，但是投资和消费依旧是拉动经济增长的重要支撑。

第四，资源依赖度对对外贸易（外商直接投资）产生挤出效应，而外商直接投资对当地经济发展水平产生积极影响。资源丰裕国家或地区倾向于采取保护本国或本地区资源产业发展的措施，而这些措施的实行会挤出当地的开放度，影响对外贸易，从而造成资源丰裕国家或地区经济增长缓慢（徐康宁、王剑）。

第五，资源依赖度对以教育为代表的人力资本产生挤出效应，使人力资本难以发挥对经济增长的红利效应。资源产业大多是劳动密集型产业，对劳动技能和素质要求不高，引发人们的短视行为，使人们不注重对自身素质的投资，也降低了企业家技术创新的动力（董红利等），严重损害了地区人力资本积累，而人力资本对经济增长产生积极影响。

第六，资源依赖会加剧地区制度环境的恶化，使得地区绿色经济增长受限。自然资源越丰裕的地区，利益集团攫取自然资源的诱惑力越大（汪戎、朱翠萍，2008），导致寻租现象的产生，使得制度失效（Torvik，2002）。城市个体和私营经济的发展对于加快市场化进程意义重大，个体和私营经济发展越活跃，城市经济发展效率越高。但是资源依赖城市的产业调整方向多集中于资源型产业的发展，不利于个体和私营经济的发展。

第七，资源依赖会影响地区产业结构的演进，绿色经济增长难以收获结构效应。资源依赖地区因为资源优势，多注重发展以采掘业为主的重型工业，导致第二产业过度发展，第一产业和第三产业发展受到抑制（王柏杰、郭鑫，2017），影响了产业结构的转型升级（茶洪旺、郑婷婷、袁航，2018），而产业结构转型升级是经济高质量发展的主要推手。

7.2　资源依赖度对传导变量的挤出效应分析

7.2.1　模型构建

根据前文对地级市资源诅咒传导机制框架的分析，考虑到各个要素在地级市之间也可能存在相应的空间相关性，本书在 Papyrakis 和 Gerlagh（2004）

提出的经典资源诅咒模型的基础上，建立了资源诅咒传导机制的空间模型来进行验证。对于资源诅咒的传导机制进行验证，有助于帮助资源型城市明确诅咒产生的原因，早日找到破解资源诅咒的路径，模型具体形式如下。

$$X_{it} = \alpha_0 + \alpha_1 RD + \beta GTFP_{i,t-1} + \rho \boldsymbol{w}_{n,t}\mu + \varepsilon \quad (7-1)$$

X_{it}为被解释变量，即各种传导机制所组成的变量组，$\boldsymbol{w}_{n,t}$为空间权重矩阵，使用的是空间经济距离权重矩阵，$GTFP_{i,t-1}$为滞后一期的绿色经济增长状况，之所以将滞后一期的绿色经济增长状况纳入资源诅咒传导机制的分析，是因为宏观经济变量一般都存在显著的滞后，而且任意两个经济变量之间的关系必定会受其所处的宏观环境的影响，如果采用简单的静态一元回归模型来考察，就不能够对这一问题进行有效控制（邵帅、范美婷、杨莉莉，2013）。

解释变量为资源依赖度，表示资源的依赖程度，与上文中的计算方法一致，用采掘业从业人员数/总从业人数来表示，是本书的重点考察变量。一般的资源依赖城市，随着资源开发力度的加大，会吸引一批从事采掘业的人员，所以用采掘业从业人员数/总从业人数来表示地区的资源依赖度。

被解释变量X_{it}为各种传导机制下的传导变量，在接下来的分析中同样对这些变量进行空间相关性检验，检验结果显示产业结构、技术创新和制造业水平变量均存在明显的空间相关性，可以选用空间面板模型进行检验。固定资产投资、对外贸易和制度质量并未通过空间相关性检验，说明我国的对外贸易和制度质量并没有明显的空间外溢效应，不能使用空间面板模型进行回归，故采用 OLS（普通最小二乘法）回归。

7.2.2 资源诅咒的挤出效应分析

地级市总体资源诅咒挤出效应的验证结果如表 7－1 所示，表 7－2 为资源型城市和非资源型城市资源诅咒挤出效应的验证结果，具体分析如下。

表 7－1　　地级市总体资源诅咒挤出效应的验证结果

被解释变量	*Ind*	*Inn*	*Hum*	*Tra*	*Fix*（物质资本投资）	*Made*（制造业水平）	*Ins*
RD	−0.2189*** （−1.92）	−0.0227* （−4.58）	−0.0121 （−0.74）	−0.0172** （−2.29）	0.2000** （2.02）	−0.3340* （−9.34）	−0.4586* （−6.38）
$GTFP_{i,t-1}$	−0.0187 （−1.53）	0.3571 （1.36）	−0.0083* （−6.22）	−0.0027** （−1.98）	0.2175* （8.93）	0.0002 （0.03）	0.1449* （3.06）

续 表

被解释变量	*Ind*	*Inn*	*Hum*	*Tra*	*Fix* （物质资本投资）	*Made* （制造业水平）	*Ins*
w	0.3312 * (4.10)	0.5551 * (9.61)	0.1362 * (7.95)			0.6075 * (13.79)	
wRD						-0.2694 (-0.39)	
wGQL						0.8549 ** (2.04)	
模型	SAC (FE)	SAC (FE)	SAC (FE)	RE	RE	SDM (FE)	FE
Hausman 检验	45.02 (0.00)	50.03 (0.00)	8.16 (0.01)	4.12 (0.13)	0.10 (0.74)	62.81 (0.00)	10.72 (0.00)
Wald 检验	27.01 (0.00)	6.46 (0.04)	63.26 (0.00)			2.12 (0.35)	
LR 检验	72.37 (0.00)	6.42 (0.04)	54.00 (0.00)			2.04 (0.36)	

注：系数值下的括号内数字为 *t* 值，*、**、*** 分别表示在 1%、5% 和 10% 水平上显著。FE 表示固定效应，RE 表示随机效应。

表 7-2　资源型城市和非资源型城市资源诅咒挤出效应的验证结果

地区	变量	*Ind*	*Inn*	*Hum*	*Tra*	*Fix*	*Made*	*Ins*
资源型城市	*RD*	-0.3941 *** (-1.95)	-0.0270 * (-2.36)	-0.0264 ** (-1.95)	-0.0909 * (-6.46)	0.3541 * (3.07)	-0.3237 * (-10.11)	-1.3935 * (-6.03)
	$GTFP_{i,t-1}$	0.0147 (1.13)	0.0013 ** (0.78)	-0.0099 * (-4.25)	0.0531 * (5.71)	0.2933 *** (1.91)	0.5599 * (3.66)	0.4388 * (4.91)
非资源型城市	*RD*	-0.0380 ** (-2.31)	-0.0850 ** (-4.17)	0.1197 *** (5.64)	0.0471 (1.62)	0.0049 * (5.40)	-0.0904 (-0.73)	-0.3187 * (-2.44)
	$GTFP_{i,t-1}$	-0.0177 (-1.60)	0.0125 (0.81)	-0.0071 * (-4.63)	-0.0064 * (-3.08)	0.1757 * (5.80)	0.0078 (0.97)	0.1037 (1.35)

注：*、**、*** 分别表示在 1%、5% 和 10% 的水平上显著。

（1）资源依赖会对产业结构转型升级造成负面影响，从而对地区绿色经济增长造成负面影响。

资源依赖度对产业结构的挤出效应，在地级市总体、资源型城市和非资源型城市层面都成立。

自然资源带来的短期回报会促使地区集中力量发展资源产业，从而形成资源产业“一业独大”的产业结构，再加上资源产业的吸纳效应，这一结构异常稳定，使得产业结构的正常演进受到阻碍，长期处于扭曲的状态（孙永平、叶初升，2012）。一旦地区的资源红利消失，该地区将难以发挥产业结构转型升级带来的结构红利效应。

（2）资源依赖会抑制创新从而对区域绿色经济增长造成负面影响。

资源依赖度对技术创新的挤出效应在地级市总体、资源型城市和非资源型城市层面都显著存在。

这一结论也得到了大多数文献的支持。资源依赖度对地区技术创新产生挤出效应，主要在于以下几个方面。第一，资源产业本身对技术创新的需求并不大（张复明，2008），而资源型城市大多以资源产业为主导，这导致整个地区的创新活动大大减少，不利于区域整体创新水平提高；第二，资源产业的短期巨额红利会带动工资的增加，将企业家和创新人才吸引到相关生产中，使得企业家和创新人才的创新力“无用武之地”；第三，生产要素集中于资源产业，使得具有技术溢出效应的创新部门的发展空间受到压制，导致创新不足。

（3）资源依赖度对人力资本产生显著的挤出效应仅在资源型城市存在；地级市总体的资源依赖度对人力资本的作用虽不显著，但仍有潜在负面影响；而在非资源型城市这一挤出效应并不存在。

资源型城市的研究结果与胡援成、肖德勇（2007），Gylfason（2001）等人的研究不一致；Gylfason（2001），Papyrakis 和 Gerlagh（2004）等人认为资源产业的繁荣会在短期内带来大量的利润，将劳动力都吸引到资源产业上来，而资源产业特别是采掘业对高技术人才的需求并不高，再加上教育投资回报周期长，导致整个地区对加大教育来提高人力资本的需求很低，不利于人力资本的积累。

非资源型城市的研究结果与李天籽（2007）等人的研究一致。但是杨莉莉、邵帅、曹建华（2014），王学斌、朱永刚、赵学刚（2011）认为这种机制并不符合我国微观现实。从古至今，中国人重视教育的观念并没有改变，从古代的“万般皆下品，唯有读书高”到现在的“再穷不能穷教育，再苦不能苦孩子”，都反映了人们对于教育的重视，绝大多数家庭非常重视教育问题。特别是随着我国义务教育的普及，普通家庭所需负担的教育支出占家庭支出的比重越来越小，经济发展相对落后地区的孩子也能够接受教育。

从实际情况来看，我国从政府到居民层面确实对教育相对比较重视，但是我国资源丰裕的中西部地区的教育条件落后于东部地区的现状在短时间内无法改变，加之我国部分地区对教育的重视流于形式、口号，地级市总体层面出现潜在负面影响的情况也可以理解。

（4）资源依赖会抑制对外贸易从而对区域绿色经济增长造成负面影响。

资源依赖度对对外贸易的挤出效应在地级市总体和资源型城市层面显著存在。但是资源依赖度对对外贸易的挤出效应在非资源型城市并不显著，因为绝大多数非资源型城市都位于东部地区，属于国家对外贸易政策的前沿试点，在此方面受资源依赖度影响较小。

这与 Sachs 和 Waner（1995），李天籽（2007），邵帅、范美婷、杨莉莉（2013）等学者的研究结果一致。通常资源型城市对外资的吸引力都比较弱，这主要是多方原因造成的。第一，资源型城市所处的区位。我国资源型城市大多集中在中西部，相比于东部地区，其交通便利度、经济发展水平、配套设置等方面对外资的吸引能力有限。第二，资源开发对制造业水平的挤出。资源型城市多注重发展资源产业，使得地区优势集中于资源产业，制造业等产业发展受到了限制，而外商投资我国的最主要的产业就是制造业。制造业的衰退使得资源型城市吸引外资的能力锐减。第三，资源开发对生态环境造成了不可逆的损害。中国美国商会的研究显示，超过 50% 的中国美国商会会员企业认为环境污染影响了其投资地的选择。随着各地吸引外资的福利条件的完善，环境因素成为外籍人才就业的重要因素之一，而资源型城市的环境污染和生态破坏使自身对高级人才的吸引力降低。第四，以煤炭、石油、天然气为主的能源资源因为关乎国家政治经济安全战略，往往都由国有企业垄断经营，其进入壁垒较高，故外资企业难以进入资源行业①。

---

① 2017 年 1 月 17 日，国务院印发《国务院关于扩大对外开放积极利用外资若干措施的通知》，其中两条直接涉及采矿业对外开放。一条是“修订《外商投资产业指导目录》及相关政策法规，放宽服务业、制造业、采矿业等领域外资准入限制”。另一条是“采矿业放宽油页岩、油砂、页岩气等非常规油气以及矿产资源领域外资准入限制。石油、天然气领域对外合作项目由审批制改为备案制”。2017 年 6 月 28 日，中华人民共和国国家发展和改革委员会联合中华人民共和国商务部发布《外商投资产业指导目录（2017 年修订）》，其中采矿业重点取消了非常规油气、贵金属、锂矿等领域外资准入限制。这一方面反映了我国政府主动扩大对外开放、推动经济全球化的决心，但是这些措施的实施都超越了本书研究的时间范围，另一方面说明此前我国资源产业对外开放程度并不高。在此之前，国内并没有外资开采特殊稀缺煤类资源的案例。不仅如此，迄今为止外资进入普通煤炭开采业的案例也屈指可数。

（5）资源依赖度并未对物质资本投资产生挤出效应。

在地级市总体、资源型城市以及非资源型城市层面，情况都是如此。

这一结论与邵帅、齐中英、杨莉莉、曹建华的研究结果一致，但是与 Gylfason 和 Zoega 等人的研究不一致，后者的研究认为对自然资源的依赖会对物质资本投资产生较为严重的挤出效应。但是我国资源产业基本上都是资本密集型的，特别是煤炭产业，资源依赖度的增加势必会带动地区资源产业的发展，也就会带动物质资本投资的增加。尽管我国现在处于新的经济发展阶段，经济驱动力向创新转变，但是不可否认的是物质资本投资在过去很长一段时间内都是我国经济增长的最主要的推动力。即便在经济动力转型的当下，其对经济增长的相对作用虽然被弱化，但是其绝对影响也不容小觑。

（6）资源依赖会对制造业的发展造成阻碍，从而影响地区绿色经济增长。

资源依赖度对制造业水平的挤出效应在非资源型城市并不显著，主要在于非资源型城市的制造业多为外向型制造业，比如我国沿海地区的“三来一补”，这种外向型制造业更多地受到国际经济的影响，而非自然资源的影响。

这一结论也与徐康宁、王剑，杨莉莉、邵帅、曹建华（2014）等人的文献的结论一致。长期以来，人们将制造业视作国民经济的基础产业，它的发展对国民经济各部门的发展起到了深远而持久的影响。但是资源产业与其他产业的关联性较弱，其鲜明的初级产业特征，导致其与其他产业的后向联系微弱，而前向联系并不稳定。这就导致一个地区如果以资源开采和初加工为主导产业，其对整个区域经济增长并没有显著的拉动作用，资源产业沦为“飞地”。更为严重的是，短期的巨额资源红利会将资本、劳动等生产要素吸纳进资源产业，使得制造业发展缺乏相应的生产要素（Corden 和 Neary，1982），制造业发展空间受限，资源型城市陷入“专业化陷阱”，诱发“去工业化”效应（邵帅、范美婷、杨莉莉，2013），使经济丧失持续发展的动力，一旦资源产业陷入衰退，地区经济将断崖式下滑。

（7）资源依赖度会挤出地区制度质量从而阻碍地区的绿色经济增长提高。

资源依赖度对制度质量的挤出效应在地级市总体、资源型城市和非资源型城市层面均比较显著，但是在资源型城市其挤出效应最大。

制度因素是影响我国市场经济发展进程基本的因素之一，其质量直接影响经济发展水平。个体和私营经济作为我国市场经济改革的直接产物，在经济发展中的推动作用不应被忽视（邵帅、范美婷、杨莉莉，2013），而谢千里等（2001）认为，与国有企业甚至三资企业相比，个体和私营经济的产权更为明晰和稳定，从而使得其比前两者具有更高的生产效率。相比于非资源型城市，中西部的广大资源型城市的个体和私营经济发展空间狭小，受到资源产业的挤出效应影响较大。我国大部分的资源企业是国有企业，会挤占资源型城市原本就较为稀缺的生产要素，特别是在中西部地区，当地的能源资源企业往往是纳税大户，为当地政府贡献大部分的税收，其受到的相关支持服务越多、质量越好，对个体和私营经济的挤出效应越大。

根据以上分析，可以对前文资源依赖度与绿色经济增长关系的部分成因进行解释。

第一，对于地级市总体，资源依赖度与绿色经济增长会陷入倒 U 形曲线的右侧即资源诅咒的部分，主要原因在于资源依赖度的增加挤出了产业结构、技术创新、对外贸易、制造业水平与制度质量，导致这些因素难以发挥出对绿色经济增长的促进作用，此外，资源依赖度对人力资本存在潜在的负面影响。

第二，对于资源型城市，资源依赖度与绿色经济增长会陷入倒 U 形曲线的右侧即资源诅咒的部分，主要原因在于资源依赖度的增加挤出了产业结构、技术创新、人力资本、对外贸易、制造业水平与制度质量，导致这些因素难以发挥出对绿色经济增长的促进作用，其中资源依赖度对制度质量的挤出效应最显著。

第三，对于非资源型城市，资源依赖度与绿色经济增长负相关的成因在于，资源依赖度的增加会挤占产业结构转型升级空间、技术创新发挥空间以及制度质量优化空间。

7.2.3　资源依赖度对产业结构挤出效应的异质性检验

以上分析对资源诅咒所有可能的传导机制进行了研究，接下来以本书重点研究的产业结构为例，对上述传导过程进行深入分析。随着我国经济从高速度增长阶段转向高质量发展阶段，经济发展的动能也随之变化，经济结构调整所带来的结构效应与持续扩大的对外开放成为经济高质量发展的重要推手。经济结构调整成为经济高质量发展的内在动力。然而资源丰裕的地区更容易对自然资源产生依赖。作为经济发展所必需的生产要素，即便是在科技进步的当下，自然资源仍然能够发挥出对经济增长的积极作用——提高收入水平、促进资本积累、放松财政预算约束、整合富余生产资源、优化资源配置效率（邵帅、范美婷、杨莉莉，2013）。但是自然资源这些积极作用的发挥是有限度的，或者说是在一定范围内的，一旦该地对自然资源的依赖超过了一定的限度，就会导致产业结构单一化，阻碍产业结构转型升级，挤出结构调整给经济增长带来的红利效应。

1. 产业结构传导机制区域异质性检验

由于我国资源分布不均衡，各地区也存在不同的资源依赖度，资源依赖度不同的地区，其产业结构在资源诅咒的传导机制中是否具有较大差异？下面将区域异质性以虚拟变量的方式引入分析，具体公式设置如下。

$$Ind_{i,t} = \alpha_0 + \alpha_1 GTFP_{i,t-1} + \alpha_2 RD_{i,t}DQ + \eta_i + \mu_i + \xi_{i,t} \qquad (7-2)$$

其中 DQ 为区域异质性指标，分为资源型城市（DQ_d）和非资源型城市（DQ_n）①。当考察资源型城市时，将 DQ_d 设置为 1，DQ_n 设置为 0；当考察非资源型城市时，将 DQ_d 设置为 0，DQ_n 设置为 1。具体的检验结果如表 7-3 所示。

表 7-3　产业结构传导机制区域异质性检验结果

解释变量	非资源型城市			资源型城市		
	Ind_{up}	Ind_h	Ind_g	Ind_{up}	Ind_h	Ind_g
$GTFP_{i,t-1}$	-0.0177 (-1.60)	0.8647 ** (2.03)	0.0600 ** (2.29)	0.0147 (1.13)	0.7875 *** (1.17)	0.0454 ** (2.14)
$RDDQ$	-0.1080 ** (-2.31)	-0.1091 (-0.07)	-0.1095 * (-10.71)	-0.1941 ** (-1.95)	-0.1826 ** (-1.94)	-0.2044 * (-9.42)

注：*、**、*** 分别表示在 1%、5% 和 10% 的水平上显著。

从表 7-3 可知，对于非资源型城市，资源依赖度对产业结构转型升级、产业结构高级化都存在显著的挤出效应，但是资源依赖度对产业结构合理化的影响并不显著，这从侧面说明了非资源型城市产业结构合理化不是资源诅咒的传导机制，但是资源依赖度仍然对产业结构合理化具有潜在的负面影响。并且在三个维度中，资源依赖度对产业结构高级化的挤出效应最大。

而对于资源型城市，资源依赖度对产业结构转型升级、产业结构合理化、

① 具体的分组详见第三章。

产业结构高级化都产生了较为显著的负面影响，而且相比非资源型城市，资源型城市的资源依赖度对产业结构三个维度的影响都更大。特别是资源型城市中，资源依赖度对产业结构高级化的影响系数达到了 -0.2044，其绝对值远大于非资源型城市的同一数据的绝对值，而且也大于资源依赖度对产业结构转型升级和产业结构合理化的影响系数的绝对值。

2. 产业结构传导机制时间异质性检验

为了区分不同时间段资源依赖度对产业结构挤出效应的不同影响，将时间异质性以虚拟变量的方式引入分析，具体公式设置如下。

$$Ind_{i,t} = \alpha_0 + \alpha_1 GTFP_{i,t-1} + \alpha_2 RD_{i,t} time + \eta_i + \mu_i + \xi_{i,t} \qquad (7-3)$$

其中 $time$ 为时间异质性指标，以 2007 年和 2013 年作为时间节点将整个样本划分为三个时间段：2004—2007 年（$time_a$）、2008—2012 年（$time_b$）、2013—2016 年（$time_c$）。之所以选择这两个时间节点，是因为 2007 年年末和 2013 年国务院分别出台了《国务院关于促进资源型城市可持续发展的若干意见》（国发〔2007〕38 号）和《国务院关于印发全国资源型城市可持续发展规划（2013—2020 年）的通知》（国发〔2013〕45 号），将考察样本按照这两个时间节点进行划分有助于在考察产业结构这一传导机制对资源诅咒影响随时间变化的情况之外，同时对这两个文件的作用效果进行初步分析。当考察 2004—2007 年时，将 $time_a$ 设置为 1，$time_b$、$time_c$ 设置为 0；当考察 2008—2012 年时，将 $time_a$、$time_c$ 设置为 0，$time_b$ 设置为 1；当考察 2013—2016 年时，将 $time_a$、$time_b$ 设置为 0，$time_c$ 设置为 1。具体的检验结果如表 7-4 所示。

从表 7-4 可知，2004—2007 年，资源依赖度对产业结构转型升级、产业结构合理化、产业结构高级化有挤出效应，并且在 1% 的水平上显著。2008—2012 年，资源依赖度对产业结构合理化的挤出效应减小，其绝对值从 2004—2007 年的 0.1883 变为 0.1834；而资源依赖度对产业结构转型升级和产业结构高级化的挤出效应在 1% 的水平上显著。2013—2016 年，资源依赖度对产业结构转型升级和产业结构高级化的影响依旧显著为负，而且资源依赖度对产业结构高级化的负面影响从 2008—2012 年的 -0.1319 变为 -0.2182，影响程度增加；而资源依赖度对产业结构合理化的影响虽然依旧为负，但是已经不显著了。

表 7-4　　产业结构传导机制时间异质性检验结果

解释变量	2004—2007 年			2008—2012 年			2013—2016 年		
	Ind_{up}	Ind_h	Ind_g	Ind_{up}	Ind_h	Ind_g	Ind_{up}	Ind_h	Ind_g
$GTFP_{i,t-1}$	0.5398* (3.21)	0.5339* (5.97)	1.3135* (4.50)	0.1278 (2.87)	0.4027* (4.67)	0.4691*** (1.93)	-0.0037 (-0.38)	0.2933 (1.26)	0.4123** (2.27)
RD	-0.1777* (2.64)	-0.1883* (-4.49)	-0.0134* (-0.21)	-0.1412* (-2.93)	-0.1834*** (-1.94)	-0.1319* (-4.10)	-0.0924** (-2.10)	-0.1804 (1.02)	-0.2182* (-3.41)

注：*、**、*** 分别表示在 1%、5% 和 10% 的水平上显著。

也就是说，随着时间的推移，资源依赖度对产业结构转型升级和产业结构合理化的挤出效应逐渐减弱，但是对产业结构高级化的挤出效应越来越强。呈现出这种变化的原因，一方面是我国政府对资源依赖地区的可持续发展较为重视，先后出台了一系列的意见或规划来规范资源依赖地区的发展，另一方面也是我国产业结构转型升级的结果。国家统计局相关资料显示①，改革开放以来我国产业结构基本实现了产业结构调整与合理化阶段的任务，我国开始进入产业结构升级与高级化的阶段。

7.3　资源诅咒倒 U 形关系的成因

前文的分析解释了地级市总体与资源型城市层面资源依赖度与绿色经济增长的关系位于倒 U 形关系的右侧，以及非资源型城市层面资源依赖度与绿色经济增长负相关的原因，即资源诅咒产生的原因。但是前文没有对资源诅咒倒 U 形关系的左侧进行解释，要对地级市总体和资源型城市层面的资源依赖度与绿色经济增长之间的倒 U 形关系的成因进行分析，还需要对以下两个问题进行解释。

第一，这些传导变量是否是造成资源依赖度与绿色经济增长之间非线性关系的原因？第二，这些传导变量在不同的门槛值条件下对资源依赖度与绿色经济增长的关系产生何种影响？

① 经济结构调整成效显著［EB/OL］.（2002-10-24）［2020-06-02］. http://www.cctv.com/special/833/-1/60618.html.

7.3.1 模型的选择

根据汉森（Hansen，1999）关于门槛效应的研究，构建了单一门槛模型来对潜在传导变量进行识别和分析。

$$GTFP_{i,t} = \alpha_{i,t} + \beta_1 RD_{i,t}(Z_{i,t} \leqslant \delta_1) + \beta_2 RD_{i,t}(Z_{i,t} > \delta_1) + \theta Z_{i,t} + \mu_i + \varepsilon_{i,t} \tag{7-4}$$

其中，$\alpha_{i,t}$、β_1、β_2、θ 分别为待估参数，δ_1 为门槛值，μ_i 为个体效应，$\varepsilon_{i,t}$是随机扰动项，$Z_{i,t}$为潜在传导变量。

7.3.2 门槛效应检验

将各个潜在传导变量视为门槛变量来进行地级市总体门槛效应存在性检验，具体结果如表 7－5 所示。从检验结果可知，产业结构、制度质量和人力资本通过单一门槛效应的检验。而技术创新、制造业水平、物质资本投资和对外贸易并没有通过门槛效应的检验。这就说明产业结构、制度质量和人力资本在地级市总体资源依赖度与绿色经济增长的倒 U 形关系中起着重要作用。对于门槛变量的识别，较好回答了第一个问题：产业结构、制度质量和人力资本在资源依赖度与绿色经济增长之间的非线性关系即倒 U 形关系中发挥了重要的作用。

表 7－5　　地级市总体门槛效应存在性检验

门槛变量	H0（原假设）：无门槛，H1（备择假设）：单门槛			H0：无门槛，H1：双门槛			门槛
	F 值	*P* 值	检验结果	*F* 值	*P* 值	检验结果	
Ind	34.7	0.00	拒绝原假设	2.07	0.15	接受原假设	单门槛
Inn	3.46	0.69	接受原假设	13.62	0.40	接受原假设	无门槛
Made	9.97	0.17	接受原假设	12.78	0.46	接受原假设	无门槛
Ins	16.46	0.01	拒绝原假设	7.96	0.67	接受原假设	单门槛
Hum	11.86	0.07	拒绝原假设	3.65	0.94	接受原假设	单门槛
Fix	7.62	0.25	接受原假设	10.53	0.67	接受原假设	无门槛
Tra	2.38	0.99	接受原假设	3.65	0.94	接受原假设	无门槛

同样本书检验了资源型城市各个潜在传导变量的相关门槛效应①，具体结果如表 7 -6 所示。从表 7 -6 可知：资源型城市产业结构、技术创新、制度质量、人力资本和对外贸易都通过了单一门槛效应的检验，而制造业水平和物质资本投资没有通过门槛效应检验，因此产业结构、技术创新、制度质量、人力资本和对外贸易是资源型城市资源依赖度与绿色经济增长之间倒 U 形关系的原因。

表 7 -6　资源型城市门槛效应存在性检验

门槛变量	H0（原假设）：无门槛，H1（备择假设）：单门槛			H0：无门槛，H1：双门槛			门槛
	F 值	*P* 值	检验结果	*F* 值	*P* 值	检验结果	
Ind	17.53	0.01	拒绝原假设	7.05	0.28	接受原假设	单门槛
Inn	14.28	0.06	拒绝原假设	2.95	0.77	接受原假设	单门槛
Made	7.65	0.29	接受原假设	4.35	0.55	接受原假设	无门槛
Ins	11.96	0.09	拒绝原假设	7.60	0.21	接受原假设	单门槛
Hum	11.10	0.09	拒绝原假设	7.42	0.20	接受原假设	单门槛
Fix	2.38	0.59	接受原假设	4.63	0.42	接受原假设	无门槛
Tra	15.96	0.02	拒绝原假设	9.47	0.12	接受原假设	单门槛

7.3.3　门槛模型的实证结果

下面继续使用上述识别出的关键门槛变量进行门槛效应检验，以便进一步考察这些变量在何种阈值条件下对资源依赖度与绿色经济增长的关系产生怎样的影响，门槛模型的具体检验结果如表 7 -7 所示。模型 7 -1 到模型 7 -3 分别为以地级市总体的产业结构、人力资本和制度质量为门槛变量的回归结果。

表 7 -7　资源依赖度与 *GTFP* 的门槛模型检验

解释量	地级市总体			资源型城市				
	模型 7 -1 *Z* = *Ind*	模型 7 -2 *Z* = *Hum*	模型 7 -3 *Z* = *Ins*	模型 7 -4 *Z* = *Ind*	模型 7 -5 *Z* = *Inn*	模型 7 -6 *Z* = *Ins*	模型 7 -7 *Z* = *Tra*	模型 7 -8 *Z* = *Hum*
常数项	0.0417 * (22.6)	0.0779 * (9.93)	0.0779 * (9.94)	0.5705 * (2.77)	0.0236 * (7.09)	0.5004 * (2.48)	0.4478 * (2.23)	0.4004 ** (1.98)

① 非资源型城市的资源依赖度与绿色经济增长之间不是倒 U 形关系，因此不存在门槛效应。

续　表

解释量	地级市总体			资源型城市				
	模型 7-1 Z = Ind	模型 7-2 Z = Hum	模型 7-3 Z = Ins	模型 7-4 Z = Ind	模型 7-5 Z = Inn	模型 7-6 Z = Ins	模型 7-7 Z = Tra	模型 7-8 Z = Hum
RD ($Z \leq \delta_1$)	-0.4171 * (-4.27)	-0.4313 * (-3.38)	-0.5373 * (-3.20)	-0.3629 ** (-2.01)	-0.4354 * (-4.33)	-0.1918 (-1.25)	-0.1858 (-1.22)	-0.5056 ** (2.01)
RD ($Z > \delta_1$)	0.6692 ** (2.06)	0.2305 * (4.75)	0.2173 * (4.66)	0.7997 ** (2.49)	0.7128 * (4.82)	0.4829 (0.87)	0.2402 * (2.49)	0.2332 * (5.87)
Ins	0.1035 * (6.81)	0.0375 ** (2.22)	0.0291 * (7.53)	0.0254 ** (1.97)	0.4067 * (3.53)	0.0137 ** (2.08)	0.0287 ** (2.22)	0.0250 *** (1.94)
Ind	0.7956 ** (6.99)	0.2916 * (6.88)	0.2181 * (7.14)	0.2029 * (2.16)	0.2727 * (3.07)	0.2359 * (2.57)	0.2707 * (2.96)	0.2753 * (3.00)
Fix	0.0231 (0.31)	0.0705 * (7.72)	0.0706 * (7.73)	0.0734 ** (3.31)	0.0139 ** (2.06)	0.0759 ** (3.43)	0.0468 ** (1.96)	0.0679 ** (3.05)
Hum	0.2239 *** (2.13)	0.0496 * (2.07)	0.1439 (0.97)	0.0468 (2.38)	0.1306 *** (1.74)	-0.0719 ** (-2.21)	-0.0468 (-2.41)	0.0496 (1.34)
Inn	0.0674 * (15.68)	0.8602 * (3.97)	8.0496 ** (2.43)	0.0739 ** (2.01)	0.0744 * (18.99)	0.0739 (1.58)	0.1142 (0.24)	0.0438 (0.09)
Tra	0.0142 * (4.69)	0.2178 (10.77)	0.0217 * (13.79)	0.3198 ** (2.48)	0.0431 * (11.28)	0.0120 (0.98)	0.1828 (0.41)	0.0073 (0.02)
δ_1	0.028	0.055	0.447	0.034	0.031	0.765	1.398	0.068
R^2	0.72	0.65	0.64	0.66	0.67	0.62	0.64	0.67

注：括号中为 t 值，*、**、*** 分别表示在 1%、5%、10% 的水平上显著。

模型 7-1 表示当产业结构位于小于等于 0.028 和大于 0.028 这两个区间内，资源依赖度对绿色经济增长分别呈现出消极和积极的影响，具体来说，当产业结构小于等于 0.028 时，资源依赖度每提高 1%，就会使绿色经济增长下降 0.4171%，而当产业结构大于 0.028 时，资源依赖度每提高 1%，会使绿色经济增长提高 0.6692%。

模型 7-2 说明，当人力资本大于 0.055 时，资源依赖度与绿色经济增长之间呈现正向关系，此时资源依赖度每提高 1%，绿色经济增长会增加 0.2305%，反之，当人力资本小于等于 0.055 时，资源依赖度与绿色经济增长之间负相关，资源依赖度每提高 1%，绿色经济增长会减少 0.4313%。

模型 7-3 说明，当制度质量大于（小于等于）0.447 时，资源依赖度对绿色经济增长的影响是积极（消极）的。当制度质量处于大于 0.447 的区间时，资源依赖度每提高 1%，绿色经济增长提高 0.2173%，反之，资源依赖

度每提高1%，绿色经济增长下降0.5373%。

模型7-4到模型7-8分别是以资源型城市的产业结构、技术创新、制度质量、对外贸易和人力资本为门槛变量的回归结果。

模型7-4表示当产业结构位于小于等于和大于0.034这两个区间内，资源依赖度对绿色经济增长分别呈现出消极和积极的影响。具体来说，当产业结构小于等于0.034时，资源依赖度每提高1%，就会使绿色经济增长下降0.3629%，而当产业结构大于0.034时，资源依赖度每提高1%，会使绿色经济增长提高0.7997%。

模型7-5表示，当技术创新位于大于0.031的区间内，资源依赖度对绿色经济增长表现出正向的促进作用。资源依赖度每增加1%，绿色经济增长会提高0.7128%。相反，当技术创新处于小于等于0.031的区间内，资源依赖度对绿色经济增长起阻碍作用，而且资源依赖度每提高1%，绿色经济增长会下降0.4354%。

模型7-6说明，当制度质量大于（小于等于）0.765时，资源依赖度对绿色经济增长的影响是积极（消极）的。当制度质量处于大于0.765的区间时，资源依赖度每提高1%，绿色经济增长提高0.4829%，反之，资源依赖度每提高1%，绿色经济增长下降0.1918%。

模型7-7说明，当对外贸易处于大于1.398或小于等于1.398的区间时，资源依赖度与绿色经济增长的关系分别是正向和负向的。当对外贸易小于等于1.398时，资源依赖度每提高1%，绿色经济增长会降低0.1858%，而当对外贸易大于1.398时，资源依赖度每提高1%，绿色经济增长会增加0.2402%。

模型7-8说明，当人力资本大于0.068时，资源依赖度与绿色经济增长之间呈现正向关系，此时资源依赖度每提高1%，绿色经济增长会提高0.2332%。反之，当人力资本小于等于0.068时，资源依赖度与绿色经济增长之间负相关，资源依赖度每提高1%，绿色经济增长会降低0.5056%。

总的来讲，不论是地级市总体还是资源型城市层面，当潜在传导变量小于等于门槛值时，资源依赖度对绿色经济增长的影响为负，而当潜在传导变量大于门槛值时，资源依赖度对绿色经济增长的影响为正。也就是说地区的产业结构、人力资本、制度质量都需要达到相应的程度，资源依赖度对绿色经济增长的影响才会落入资源祝福。至此地级市总体和资源型城市层面的资源依赖度与绿色经济增长的倒U形关系得到了解释。

结合本章前文中关于资源依赖度对传导变量的挤出效应，可得出以下结论。

第一，地级市总体的资源依赖度通过挤出产业结构、制度质量，使得产业结构和制度质量长期低于门槛值，使得绿色经济增长陷入资源诅咒，但是一旦地区的产业结构、制度质量等超越了门槛，地区经济增长随之进入资源祝福的区域，从而使得地级市总体资源依赖度与绿色经济增长呈现出倒U形关系。

第二，资源型城市的资源依赖度会通过挤出产业结构、技术创新和人力资本等使得绿色经济增长陷入资源诅咒的困境，但是一旦资源型城市的产业结构、技术创新和人力资本等超越了门槛值，则会将资源依赖度与绿色经济增长的关系重新拉回资源祝福的阶段，形成倒U形的关系。

结合本章分析以及前文对资源诅咒验证得出的结论，可以将资源依赖度、中介变量与绿色经济增长之间的关系概括为图7-2。

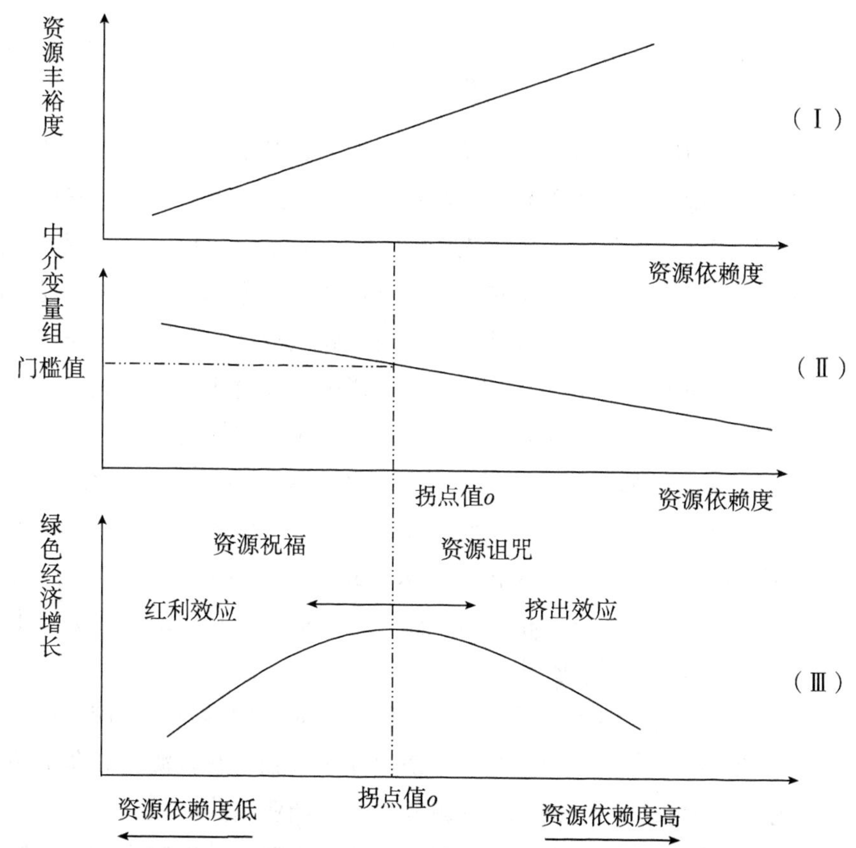

图7-2　资源依赖度、中介变量与绿色经济增长的关系

图7-2（Ⅰ）部分表示资源丰裕度与资源依赖度的正向关系。一般来说，资源丰裕的地区更容易造成资源依赖。即便是发达国家如加拿大也将矿产业作为其支柱产业。（Ⅱ）部分表示资源依赖度与中介变量组之间的负向关联。而（Ⅲ）部分则表示资源依赖度与绿色经济增长之间的倒U形关系。当资源依赖度小于倒U形曲线的拐点值 o 时，与之对应的中介变量总处于资源依赖度与绿色经济增长关系的门槛值之上，资源依赖度对绿色经济增长的影响保持在倒U形曲线的左半部分即红利效应部分，此时资源依赖度对绿色经济增长呈现出资源祝福的状态；而一旦地区对自然资源的依赖程度超过了拐点值 o，相应的中介变量则会持续低于门槛值，从而造成资源依赖度与绿色经济增长的关系转到倒U形曲线的右半部分，即挤出效应部分，导致资源依赖度对绿色经济增长呈现出资源诅咒的状态。

7.4 本章结论

本章在构建地级市资源诅咒传导机制框架的基础上，对地级市总体、资源型城市和非资源型城市的资源诅咒进行了分析，结果发现：①对于地级市总体，资源依赖度与绿色经济增长陷入倒U形曲线的右侧即资源诅咒的部分，主要原因在于资源依赖度的增加挤出了产业结构、技术创新、对外贸易、制造业水平与制度质量，这些因素难以发挥出对绿色经济增长的促进作用，此外，资源依赖度对人力资本存在潜在的负面影响；②对于资源型城市，资源依赖度与绿色经济增长陷入倒U形曲线的右侧即资源诅咒的部分，主要原因在于资源依赖度的增加挤出了产业结构、技术创新、人力资本、对外贸易、制造业水平与制度质量，导致这些因素难以发挥出对绿色经济增长的促进作用，其中资源依赖度对制度质量的挤出效应最显著；③对于非资源型城市，资源依赖度与绿色经济增长负相关的成因在于，资源依赖度的增加会挤出产业结构、技术创新以及制度质量。

同时从三个维度详细研究了资源依赖度对产业结构的挤出效应，结果发现：①资源依赖度对产业结构高级化的挤出作用最强，在资源型和非资源型城市同时存在，而且资源型城市的资源依赖度对产业结构高级化的挤出效应也明显强于非资源型城市；②随着时间的推移，资源依赖度对产业结构转型升级和产业结构合理化的挤出效应逐渐减弱，但是对产业结构高级化的挤出效应越来越强。

在此基础上，通过引入门槛模型，对地级市总体和资源型城市中，资源依赖度与绿色经济增长的倒 U 形关系的成因进行了分析，结果发现：①地级市总体的资源依赖度通过挤出产业结构、制度质量，使得产业结构和制度质量长期低于门槛值，绿色经济增长陷入资源诅咒，但是一旦地区的产业结构、制度质量等超越了门槛值，经济增长随之进入资源祝福的区域，从而使得地级市总体资源依赖度与绿色经济增长呈现出倒 U 形关系；②资源型城市的资源依赖度则会通过挤出产业结构、技术创新和人力资本等使得绿色经济增长陷入资源诅咒的困境，但是一旦资源型城市的产业结构、技术创新和人力资本等超越了门槛值，则会将资源依赖度与绿色经济增长的关系重新拉回资源祝福的阶段，形成倒 U 形的关系。

第八章　国外不同类型资源地区产业发展的经验与启示

《全国资源型城市可持续发展规划（2013—2020 年）》将资源型城市划分为成长型、成熟型、衰退型和再生型四种类型，其中再生型城市指城市经济发展基本摆脱资源依赖，经济社会开始步入良性发展轨道。而成长型、成熟型、衰退型城市都还没有摆脱资源依赖，需要探索适合本地的发展模式。为此本章从资源开发初期、资源繁荣中期、资源衰退后期三个角度，选取不同国家和地区的案例进行分析总结，希望能够对我国不同地区、不同类型的资源型经济产业转型升级提供可行的经验和借鉴。

8.1　资源开发初期：挪威——关联产业多元化

挪威是高度发达的工业化国家，也是全球福利极完善的国家之一。挪威具有丰富的油气、水利、森林等自然资源，但是其石油资源并未使得地区经济增长陷入衰退，相反，挪威人均年 GDP 增长的 20% 左右都来源于石油资源（Mideksa，2013）。与邻国丹麦和瑞典相比（见图 8－1），在 20 世纪 70 年代之前，挪威的人均 GDP 曾一度是三个国家中最小的，而到了 2000 年前后，其人均 GDP 一跃成为三个国家中最高的，造成这一转折的原因正是 1968 年挪威石油资源的发现及开采（Larsen，2006）。得益于对丰富的自然资源的科学开发，挪威才在资源开发初期就成功避免陷入资源诅咒的困境，走上繁荣昌盛之路。

8.1.1　挪威关联产业多元化的方向

绝大多数研究都表明，资源产业相较于制造业，不具备“干中学”的能力，技术溢出效应较差（Sachs 和 Warner，1995；邵帅、杨莉莉、范美婷，

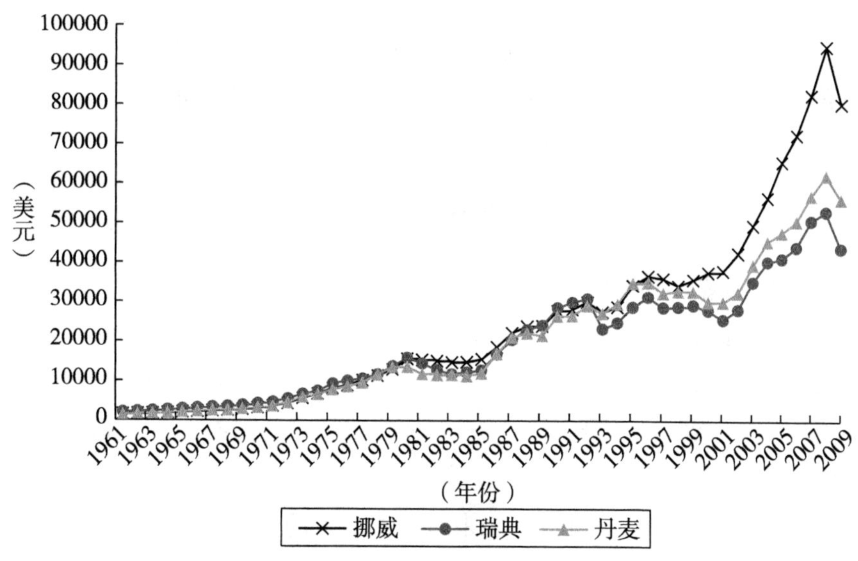

图 8-1　斯堪的纳维亚半岛三国人均 GDP 情况

数据来源：Bureau of Labor Statistics（美国劳工统计局）。

2013）。但是 Menzel 和 Senghaas（1985）以经济增长的大宗产品理论为基础，指出资源产业的正溢出也可能与制造业一样巨大。挪威产业多元化的核心是着力推进资源产业的关联产业发展，尽最大努力建立起资源产业与其他产业之间的有机联系，促进关联产业良性发展。

1. 制造业随主导资源改变而调整

在挪威发现石油与天然气之前，水资源是挪威最早开发利用的资源。在开发水资源的同时，挪威的制造业主要集中于船用设备、水轮机等与水资源关联性较高的产业。而在发现石油与天然气之后，挪威政府着力发展石油和天然气资源产业，通过后向延伸与旁侧效应，挪威机械工业转投石油和天然气平台，带动了近海采油设备、水下钻探设备制造业等产业的发展。

2. 推动新能源及相关产业的发展

挪威的能源产业在全球非常著名，挪威还不断致力于可再生能源的布局。其水电几乎满足了挪威全国的电力需求。挪威的风电也在 2016 年前后实现了巨大飞跃，此外挪威是全球首个实现潮汐发电商用的国家，而且近年来还在不遗余力地推广生物质能源的应用以及太阳能发电。坐拥丰裕的种类繁多的能源，挪威并不是仅仅依靠能源出口，转而推动相关新能源产业的发展。从政府到传统的石油公司，都在致力于推进新能源相关产业的发展。挪威政府加大了政策支持的力度，包括项目资金支持、税收优惠等，这一系列的政策推动了挪威新能源汽车产业的发展（王莉莉，2018）；而一些传统的化石燃料公司凭借巨大的财力以及生产过程中积累的人力资本和先进技术，转而投资新能源技术的开发，推进了创新发展。

8.1.2　挪威关联产业多元化的保障机制

1. 建立挪威石油基金

最初挪威的石油收入被应用于国家财政支出，但是20世纪80年代左右挪威人居安思危，他们认识到石油开发给经济结构乃至社会结构带来的变动，更预见性地考虑到一旦出现危机，对石油的依赖将会给整个社会造成深层次的影响。

为此挪威建立了主权财富基金来对石油收入的使用进行明确的分配。挪威石油基金①又被称为主权财富基金，是全球规模最大的主权财富基金。沙特阿拉伯、安哥拉等石油富国同样建立了石油基金。但是纵观学术研究发现，挪威建立石油基金，对资源红利进行管理，是其成功避免资源诅咒的重要原因。而其他国家的石油基金的建立，并没有像挪威那样起到决定性作用，主要原因如下。第一，为了保障石油基金可持续性发展，挪威政府每年仅能提取主权财富基金4%的款项，用于促进经济发展，其余的石油基金则大部分用于投资海外市场②。而沙特阿拉伯、安哥拉等国的石油基金年均使用率大约为80%。挪威对于石油收入的谨慎使用成功避免了资源部门过分扩张而造成区域贸易条件恶化的情况，而且挪威政府保持着相对保守、节俭的财政政策，对于塑造稳定的宏观环境，助力新产业发展有重要的作用。第二，挪威石油基金更多地投资于海外市场，避免了本国国内需求过度膨胀时，货币升值造成本国经济竞争力下降的情况，而在国内经济不景气时，又能增加总需求，使得本国经济平衡稳定增长（Larsen，2006）。第三，可以利用石油基金的回报率来对比分析政府展开其他融资方案的可行性，这种积极的反周期政策能够利用资金来帮助政府抵制经济衰退（Listhaug，2005）。

---

① 2006年为了体现建立基金之初节约资金的目的，其被更名为挪威政府全球养老基金。

② 挪威将石油基金投资于外国资产，就是为了避免增加的投资推高本国的成本。

2. 推出激励措施，保障多元发展

为了尽量减少对石油出口的依赖，挪威政府从能源领域着手推出各项激励措施，促进产业多元化的发展，其政策可以概括为以下几点。

第一，鼓励要素流动政策。挪威使用了集中工资制和“团结替代计划”来协调收入水平，以缓和石油资源对非石油贸易部门的影响，鼓励生产要素自由流动，避免生产要素集中流向石油部门。

第二，刺激教育和研发政策。为了保持关联产业多元化，挪威鼓励国内企业积极创新，研发海上石油开采的新技术，而不是仅仅依靠聘用外国专家来解决问题。其将资源集中于教育、研发事业中，通过建立相关的研发中心，增加教学和研究时间，增加国外研修的奖学金，鼓励教育和研究事业发展。

第三，劳动力市场政策。维持集中工资谈判制度，并要求雇主、雇员和工会在工资谈判中牢记工资制度对整体经济的影响，而不能仅仅考虑个体利益，要使得石油部门的工资与其他部门增长一致（Dyrstad）；通过中立机构来计算制造业的生产效率提高带来的工资下降问题，并将调查结果制度化、透明化，作为其他行业特别是资源行业工资增长的上限，避免制造业衰退；通过建立治污空缺和个人能力机构，加强劳动力市场的信息协调，刺激女性就业。

第四，积极的产业政策。挪威政府通过价格补偿、关税优惠等产业政策不断推进资源产业的关联产业发展。挪威石油开采业发展的前向效应推动了金属制造、化工产业等产业的发展，后向关联又对传输设备、钻井平台等制造业具有显著的推动作用。挪威传统资源产业在与其他产业建立有机联系的过程中，依靠技术创新，发挥主动，延伸产业链（Ville 和 Wicken，2013），促进关联产业发展壮大，此外，挪威政府积极主动的产业政策起到了举足轻重的作用。虽然资源产业自身在推动以学习、溢出效应与规模经济等为特征的制造业的发展中并不能起到积极作用，但是在政府有效产业政策的引导与支持下，资源产业仍然能够发挥出对经济的促进作用。

3. “三位一体”创新格局，利用新兴技术推动绿色产业发展

挪威在能源产业的发展中，推出了“三位一体”创新格局来推动创新发展，即通过高等教育机构、独立的研究机构和工业研究部门来共同推进创新研究开展，特别是科研成果向实际生产力转化。挪威的高等教育机构在这方面发挥了重要作用，挪威几乎每个学校都设立了专门支持教研创新的技术转

移办公室和科技企业加速器，外部的商业机构能够通过其为创新项目提供资源协助，从而推动海洋科技、生命健康、清洁能源等绿色产业项目落地和商业转化，使得挪威在全球创新指数排行榜中位置较为靠前（侯隽，2017）。新兴技术（如遥控采矿技术、电子销售技术）的使用使得资源行业从生产到销售都不断创新，从而与经济社会其他部门形成良好的互动关系，将资源优势转为经济优势（Ville 和 Wicken，2013）。

8.2 资源繁荣中期：迪拜——服务业多元化

迪拜是阿拉伯联合酋长国（简称阿联酋）人口最多的城市，但是其土地面积仅约占阿联酋的 5.8%。从迪拜获得石油开采权开始，石油资源帮助迪拜完成了资本的原始积累，更为迪拜的现代化发展奠定了坚实的物质基础。到 20 世纪 70 年代迪拜的石油收入一度占据了 GDP 的 50% 以上，超过三分之一人口在石油部门工作。在这一阶段，迪拜完成了比较重要的基础设施建设，比如杰拜勒·阿里港、哈利法塔等。但是迪拜的石油储量相对并不特别充裕，地区一旦对石油资源产生了依赖，会对经济造成巨大的损害。迪拜政府未雨绸缪，很早就认识到仅仅依靠有限的石油资源难以促进经济长期持续增长，相关决策人高瞻远瞩，致力于经济结构的多元化发展，以期为经济增长找到持久的推动力。迪拜服务业多元化的成就举世公认：从 2000 年开始，非石油经济已经占到迪拜国民生产总值的 90%，石油对 GDP 的贡献仅为 5.48%，而 2017 年，石油收入仅占迪拜 GDP 的 1% 左右，而且整个阿联酋超过一半的非石油贸易都集中在迪拜，迪拜的产业结构已经从石油依赖型成功转向多元化发展。通过对迪拜服务业多元化发展的实践分析，笔者尝试总结出资源依赖地区经济转型的成功经验。

8.2.1 迪拜服务业多元化的方向

旅游业、金融服务业、房地产业、高新技术产业、会展业这五大产业成为迪拜多元产业发展的典范。

1. 旅游业

发展旅游业是迪拜转型的一个重要战略。旅游业与其他产业的关联性比较强，旅游业快速发展的同时，能够带动相关产业发展。迪拜自然景观虽然比较少，但是旅游业成功发展起来的原因如下。第一，地理位置优越、航空业发达；第二，迪拜政府不遗余力地推进高端基础设施建设，迪拜旅游业的发展理念是“更大更好”，所以迪拜出现了一批具有“世界”头衔的建筑物，如世界最高建筑、世界第一个“七星级酒店”等，这为迪拜开展“零售娱乐旅游”提供了基础（Stephenson 和 Ali-Knight，2010）；第三，迪拜旅游及商业推广局（DTCM）[①] 在全球范围内的宣传使得迪拜的旅游业发展如火如荼。世界旅游理事会年度报告显示，迪拜是 2017 年接待国际游客数量第四多的城市，共接待国际游客 1580 万人次，数量超过了伦敦、新加坡、纽约、东京、巴黎、巴塞罗那等[②]。2017 年迪拜旅游业的总产值高达 296 亿美元，占迪拜 GDP 的 28% 左右。2018 年迪拜入选全球十大旅游城市，其旅游业进一步发展。

2. 金融服务业

金融服务业是迪拜重点发展的新产业集群，也是迪拜长远发展的战略方向。2000 年迪拜金融市场成功创建，就吸引了近百家上市企业入驻；到 2004 年迪拜建立了国际金融中心（DIFC），又吸引了更多世界著名的跨国金融机构入驻。尽管迪拜的金融中心还比较年轻，但是其成长速度较快，凭借优越的区位条件、完整透明的金融监管体系、独立自主的法律体系、零外汇管制，将实现“连接区内市场、新兴市场与全球各地商业及金融机构，促进中国和中东、非洲及南亚等新兴市场间的贸易投资往来[③]”的规划目标。

3. 房地产业

迪拜政府为了平衡收支，大力推进房地产业的发展。得益于迪拜政府的政策，大量的外国企业和个人到迪拜进行投资，使得迪拜的房地产业迅速发展，成为其主导产业之一。尽管迪拜房地产业曾一度触底，但是近几年又显现出活力。

4. 高新技术产业

以信息技术、知识经济为核心的高新技术产业成为迪拜发展的产业新方向。为了促进高新技术产业的发展，迪拜先后建设了一大批高新技术自由贸

---

① 迪拜为了高端旅游业，设置了商业和旅游促进委员会（DCTPB），到 1997 年，为了对旅游业进行更广泛监督、规划，促进旅游业发展，迪拜成立 DTCM 取代 DCTPB。

② 史雨辰 . 2017 年迪拜接待国际游客数量全球第四［EB/OL］.（2018 - 11 - 20）［2020 - 06 - 07］. http：//ae. mofcom. gov. cn/article/jmxw/201811/20181102808528. shtml.

③ 2015 年 6 月，DIFC 公布了其未来 10 年的发展规划。

易区，比较著名的有迪拜互联网城（DIC）、媒体城、迪拜国际学术城等。它们吸引了大批高新技术企业以及科技人才，并产生集聚效应和规模效应，对于迪拜高新技术产业的发展起到了重要作用。对高新技术产业的投资，促进了知识产业的发展，高新技术产业又在发展中建立了显著的前向关联产业和后向关联产业，从而显著提高经济发展水平。

5. **会展业**

迪拜会展业的发展与旅游业和航空业的发展关联较大。迪拜旅游业的快速发展促进了会展业的起飞，而航空业的发展又奠定了会展业发展的基础。同时会展业的发展带来了经济和社会效应。迪拜会展业不仅规模大，涉及行业广泛，而且近年来，其专业化程度不断加深，迪拜的交通展、音像展等都是专业化程度较高的会展。

8.2.2 迪拜服务业多元化保障机制

1. 自由贸易制度与政府超前的经济布局相结合

大多数资源丰裕地区通常会设计长期而精确的资源开发计划来维持经济增长。但是迪拜政府反其道而行之，在发现石油资源伊始，迪拜政府就未雨绸缪、居安思危，利用石油资源输出带来的收益促进经济转型，实现产业的多元化发展。此后通过政府的政策扶持和引导，迪拜实现了服务业多元化发展的经济格局。在制定经济政策时，迪拜政府有着强烈的商业偏好（Hvidt）。尽管迪拜政府在服务业多元化发展中起到了支持和引导的作用，但是其从未对产业发布过一刀切的行政指令。迪拜非常注重自由贸易的发展。迪拜先后兴建了多个专业化的自由贸易区①，在这里资本可以自由流通，支付不受限制、汇兑不受管制的贸易环境逐步形成。自由贸易能够调整部门之间的利益分配，打破资源丰裕地区生产要素向资源部门集聚的固有路径，增加企业需求，从而形成新的产业集聚和规模效应。

2. 注重基础设施建设，完善城市功能

城市竞争力的提升离不开基础设施的健全以及城市功能的完善，迪拜非常注重利用基础设施建设来促进城市功能的提升，弥补旅游资源的不足。迪

① 迪拜的自由贸易区专业化程度较高，有致力于信息通信的互联网城、有区域性的媒体城、有专门从事人力资源开发的自由贸易区。

拜虽然没有得天独厚的条件发展旅游业，但是建造了许多惊人的基础设施，形成了具有迪拜特色的现代观光业，世界最高建筑哈利法塔、棕榈岛等为迪拜吸引了大量的游客，促进了迪拜旅游业的发展。而且除了对旅游业的助力，迪拜在交通运输、商业领域的基础设施建设，也为服务业多元化的发展奠定了基础。大量的基础设施建设也推进了迪拜的房地产业发展，2006 年以来，迪拜的房地产业迅速发展，房屋租金和售价不断上涨。

3. 软环境是迪拜的一张名片

迪拜服务业多元化格局的形成离不开其对软环境的塑造。

第一，迪拜塑造了开放包容的营商环境。迪拜具有极强的开放性，与东西方国家都有广泛的交流与合作，这种开放安全的环境为迪拜塑造了良好的营商环境，促进了迪拜商业的发展。

第二，迪拜建设了高效、稳定、规范、透明的金融生态系统。一方面，迪拜关税较低甚至可以实现“零税率”，这成为 DIFC 发展的核心竞争力。另一方面，迪拜金融中心的监管模式是在欧洲的监管标准基础上新建立的，其运营独立性强、标准化和透明度较高，使迪拜成为金融业发展的天堂。

第三，迪拜实行了灵活的劳动力政策。在迪拜只有约 15% 的人口是原始居民，其余的人口都是从国外引进的，有来自印度的建筑工人和家庭服务人员，有来自埃及的医生、护士和教师，也有来自美国、欧洲的技术人员及经济领域的高学历人才，迪拜的人力资本在规模和资历上都极具灵活性，帮助迪拜实现快速决策和快速建设。

第四，鼓励外资投资非石油产业。为了吸引外国投资，迪拜首先简化了相关立法，为吸引投资创造了条件，之后又对一些专业的自由贸易区进行了升级，进一步增加了吸引投资的机会。

8.3　资源衰退后期：鲁尔区——传统产业新兴化

鲁尔区是德国乃至世界极重要的工业区之一，被誉为“德国工业的心脏”。鲁尔区经济总量曾经达到整个德国经济总量的三分之一，产煤量占德国全国总产量的 80% 以上，钢铁产量更是约占德国全国总产量的 70% 。第二次世界大战后，正是鲁尔区以钢铁和煤炭为主的产业拉动了整个德国的经济起飞。

20世纪60年代开始，随着国际能源消费结构的转变，鲁尔区原有的单一重型工业结构弊端凸显，整个地区经济陷入衰退，出现了严重的煤钢危机。主导产业日渐衰退，失业率上升，人才外流，经济增长缓慢，环境污染严重，该地同样陷入了资源诅咒的陷阱之中。面对这一情况，鲁尔区不得不对经济结构进行调整与改造。经过德国政府有计划转型，鲁尔区通过发展新兴产业、促进产业结构多样化、环境治理等方式，成功实现经济结构多元化，逐渐发展成以煤炭和钢铁生产为基础，以电子计算机和信息产业技术为龙头，多种产业协调发展的新型经济区①。总结德国鲁尔区成长路径对于资源依赖地区走出经济发展困境具有很好的借鉴意义。

8.3.1 鲁尔区传统产业新兴化的方向

改造传统产业是鲁尔区在资源衰退后采取的重要措施之一。德国鲁尔区利用传统产业发展留下的基础，引进了高新技术来促进产业新兴化的发展，从而形成具有竞争力的多元产业格局，具体主要包括以下方面。

1. 化学工业

鲁尔区因为资源产业的发展，化工产业具有一定的基础。凭借传统的化工产业技术基础，政府引入高新技术来对其进行改造，使得新型工业得以深入发展。新型的化学工业不仅具有的鲜明后向关联，对鲁尔区经济的重新起飞起到了重要作用，更重要的是注重了清洁生产和循环发展，为鲁尔区的绿色经济发展带来重要影响。

2. 物流产业

鲁尔区凭借稠密的交通网络，在政府的支持下，逐步实现物流科研成果转化，吸引国际上著名的物流企业参与，成功推动了当地物流产业的发展。其物流产业不仅覆盖了鲁尔区现有产业价值链的所有环节，而且在整个欧洲市场都占据重要的地位。

3. 工业文化旅游业

鲁尔区以本区域的特色煤炭产业为基础开发了反映煤炭工业发展的工业文化旅游业，制订了“工业文化之路”的旅游规划和相关的文化投资方案，

---

① 李刚．发达国家“铁锈地带”的转型治理实践与我国复兴路径［J］．上海城市管理，2017，26（1）．

工业文化旅游业成为德国传统产业新兴化的一个特色，对于促进鲁尔区的再生有重要的作用。第一，文化投资能够促进旅游业的发展，为旧工业城市带来直接的经济效应；第二，文化机构的设置能够发挥出社会功能，因为绝大多数的文化机构能够吸引地方的精英人才集聚；第三，文化投资能重塑地区的象征品牌，使该地摆脱老旧的工业区形象束缚。

鲁尔区在相关规划和文化投资的基础上，积极进行环境治理，结合工业发展历史，成功开发了工业文化旅游业，使得该地逐渐摆脱了污染的旧形象，为吸引外资提供了良好的环境。如今，鲁尔区风景如画，被誉为“花园工业区”。

8.3.2　鲁尔区传统产业新兴化的保障措施

1. 应用信息技术改造传统产业

鲁尔区在产业转型升级中，除了直接引入以信息技术为主的新兴产业，更是将信息技术应用到传统产业中，鲁尔区现在依旧有着钢铁、能源、汽车、机械制造等传统产业，但是这些传统产业已经是经过信息技术改造的新传统产业。将信息技术引入传统产业的整个产业链，从选矿采矿、工艺流程、过程控制、信息采集、市场销售、物流配送等多个方面进行信息化改造，提高了传统产业的劳动生产率，使产品更具市场竞争力。

2. 设立专门机构，制定和实施有效的产业政策

为了帮助鲁尔区早日实现产业转型，德国自上而下设置了专门的机构来负责。联邦政府在经济部下设置了联邦地区发展规划委员会和执行委员会，主导鲁尔区重建产业布局，负责对鲁尔区改造中的项目进行审批，并提供相应的资金扶持。北威州政府也陆续出台了一系列的规划来助力鲁尔区的改造升级。鲁尔区政府设立了地区发展委员会以及地区议会，分别负责规划鲁尔区的商务活动以及设计符合市场状况和基层信息的发展战略和行动措施。总体来看，鲁尔区的产业结构调整离不开德国政府的大力扶持。

3. 完善基础设施，扶持新技术、新经济发展

德国各级政府投入大量资金来改善当地的交通基础设施、兴建扩建高校及科研机构、集中整治土地，为鲁尔区进一步发展奠定必要的基础。通过综合利用，报废的矿井得到重新修整，不少都成为传统教育或培训实习的基地。基础设施的完善，再加上对处于世界领先水平的煤炭生产技术和设备的积极研发，都为鲁尔区吸引外资以及煤炭产业国际化、市场化奠定了重要的物质基础。

德国各级政府在加大基础设施和矿冶工业现代化建设的基础上，为鲁尔区提供经济和技术方面的资助，促进其发展新兴产业。为优化投资结构，政府特别重视创新企业的发展，对信息型、环保型、科技型企业给予政策上的支持，为具有创新能力的中小企业的发展提供了良好的环境。优惠政策、强有力扶持，使得新经济、新技术工业在鲁尔区的发展速度远远领先于德国其他地区。

4. 重视人力资本提升，对职工进行针对性培训

由于从事传统产业的工人技能一般比较单一，他们很难适应转型经济及新兴产业的需要。鲁尔区在德国政府的帮助下组建了若干不同层次、类型、所有制、专业的培训中心，分门别类进行有针对性培训，范围覆盖了各个领域，从就业培训到管理人员进修，实施各种训练项目并提供相关咨询服务，为鲁尔区培育了丰富的人才资源。

5. 多管齐下，促进鲁尔区生态和文化重建

为了助力工业文化旅游业的发展，鲁尔区实施了多个整改项目促进生态重建，具体包括：第一，重现鲁尔上空的蓝天；第二，埃姆舍河系统重建；第三，新兴能源使用。为了丰富工业文化旅游的内容，鲁尔区致力于工业景观的开发开放与空间保护，在地区的中部设置了埃姆舍公园，在莱茵河下游以及鲁尔河谷都分别设置了相应的景观公园，为鲁尔区打造了良好的工业文化基础。

8.4 对我国资源型城市发展的启示

8.4.1 发挥政府综合引导的作用，实施可行的产业政策

综观挪威、迪拜和鲁尔区推进资源产业转型升级的过程，发现其成功都离不开当地政府制定和实施的有效的产业政策。从挪威的主权财富基金、迪拜政府的超前产业布局到德国政府对鲁尔区的资金投入，无不彰显着政府引导促进的成效。

我国资源产业往往成为地方政府财政收入的主要来源，地方财政对于资源产业一般是“只取不予”的，再加上管理体制落后，造成了在国际市场竞

争中，我国资源产业往往处于不利的地位。

因此，我国资源型城市的政府要高瞻远瞩，积极发挥在产业多元化中的综合引导作用，制定和实施有效的产业政策，除了常用的财政补贴、政府采购，可以综合运用投资、产业、财税、金融、价格等多种政策手段，引导绿色、多元产业发展。

8.4.2　根据自身情况，适时选择适合本地区的发展模式

总结上述地区发展经验可知，它们在产业转型时，都根据自身资源开发的特点，选择了适合的产业发展模式。挪威选择了产业延伸模式，在石油、天然气资源开发的基础上，凭借水资源相关产业积累的经验，促使资源产业链延伸。迪拜选择了产业更新模式，利用石油资源带来的财富，建立起了不再依赖石油资源的现代服务业，摆脱了对自然资源的依赖。鲁尔区的模式可以算作复合模式。鲁尔区虽然一度对资源依赖很强，但也具有一定的其他优势产业，如其化工产业是对资源产业的一种延伸，同时其凭借自身优越的地理位置以及便利的交通条件建立起了物流产业，摆脱了对资源的依赖。

我国资源型城市在进行产业结构转型升级的过程中，可以根据自身的实际情况选择相应的发展模式和发展方向。资源成长型城市可以借鉴产业延伸模式，将资源优势发挥到极致。资源成熟型城市和资源衰退型城市可选择复合模式，这样能在寻找替代产业的同时，不会因为产业更新过程中突然摒弃资源产业而对经济带来毁灭性的打击。

8.4.3　积极利用大数据等信息技术，促进资源产业链延伸

上文提到的三个地区在产业转型升级中，都十分注重对新技术的应用。挪威的石油企业凭借自身积累的丰富的财力、人力和技术，将发展中心转向了新能源研发，而新能源的发展又对传统的能源产业产生了助力。迪拜直接将以信息技术为核心的高新技术产业作为服务业多元化发展的一个重要方向，以信息技术为核心的新经济在迪拜得以迅速发展。鲁尔区通过引入高新技术对传统的化工产业进行改造，发展了新型工业，成功促进了资源产业链的延伸，而且政府对信息型、环保型、科技型的创新企业给予较多的优惠政策、强有力的扶持，使得新经济、新技术工业发展迅速。

这为我国资源产业的发展提供了新的思路，我国可以通过将新技术引入

资源产业，促进资源产业链延伸，加快资源型城市转型升级（李清辉、赵明丽，2010）。资源型经济最大的问题在于产业结构单一、运作方式落后，而以云计算、物联网、大数据为引领的信息技术具有综合开放的形态特征，可以有效地对资源型经济的弱点进行弥补。而且信息技术的发展对资源型城市高质量发展的边际作用更大，信息技术对于重工业增长的影响大于轻工业（李波、梁双陆，2017），对于工业的产业结构调整和增长方式转变的效果大于服务业（张敏、马泽昊，2013）。

在全球新一代信息产业迅速发展的时期，我国大数据技术和应用也蓬勃发展，贵州、海南、山西等资源丰裕的地区凭借自身的能源优势，吸引大数据企业落户，大力发展能源大数据，在能源的生产、定价和交易等多个环节进行改造。总体来讲，以大数据为核心的信息技术主要从两个方面带动我国资源产业发展。一方面，以大数据为核心的信息技术的应用能够发挥技术先导作用，减少了资源产业对生产要素的消耗，优化资源产业内部、资源企业内部生产环节的资源配置（陈庆江、杨蕙馨、焦勇；2016），促进资源产业劳动效率提高（韩先锋、惠宁、宋文飞，2014）。大数据的出现为油气资源的多次开发提供了可能，有助于新的增长点开发；海量的资源交易合同组成大数据为编制价格指数奠定了基础；大数据产业的发展促使一批线上能源交易平台产生，有助于能源交易时直接省略线下交易的中间环节，使得能源交易更为高效、定价更为合理。另一方面，以大数据为核心的信息技术的应用能够发挥结构优化的作用，改变资源型城市不同产业的比例，促使资源型城市以资源开发为主的第二产业占 GDP 比重下降，使得产业结构不断向高级化方向发展（张敏、马泽昊，2013）。能源大数据的发展能够促进能源基础设施之间的整合，促使能源产业向互补、整合和数字化方向发展，促使能源服务业发展。

8.4.4 注重人力资本积累，提升人力资本创新性

挪威、迪拜、鲁尔区都十分注重劳动力市场的建设。挪威通过中立机构来计算制造业的生产效率增加带来的工资下降问题，设定其他行业特别是资源行业工资增长的上限，使石油部门的工资与其他部门增长一致，从而避免了劳动力向资源行业过分集中。迪拜则在自身人力资本不足的情况下，通过各种政策吸引了各国大量的人才参与到多元化产业的建设中。鲁尔区为了使

就业人员能够适应传统产业新兴化的过程，加强培训，提高劳动力的再就业能力。这对于我国目前资源型城市人力资本积累有较大启发：一方面要通过技术武装、教育积累来达成地区创新型人力资本培养[①]；另一方面要看到人力资本积累过程的长期性，在短期内需要提供更多的优惠政策来引进人才，实现人力资本的自由流动，更重要的是要在人才引进之后，通过提高收入待遇等手段留住人才。

① 张宏认为人力资本中最为活跃的部分就是创新型人力资本，资源型城市要实现产业结构转型升级，对人力资本特别是创新型人力资本的培养不容忽视。

第九章　破解资源诅咒困境，促进产业转型升级的措施

世界经济发展的实践证明，经济发展中确实存在资源诅咒现象，这是一个不争的事实，但是资源诅咒并不是经济发展中的必然现象。一个国家或者一个地区的经济发展是众多影响因素合力作用的结果，自然资源不可能是唯一的影响因素，却是必不可少的因素。从根本上说，资源诅咒的根源在于人们对自然资源的开发利用方式不合理。有鉴于此，开发利用好自然资源，使丰裕的资源更好发挥效益，促进产业结构转型升级，使地区经济持续绿色发展，才是破解资源诅咒困境需要深入思考和实践的课题。正是围绕这一思路，结合前面的研究分析，笔者提出如下对策。

9.1　发挥政府效能，改善制度环境

9.1.1　发挥有效市场及有为政府的作用

我国的实践经验证明：经济发展和转型中有效市场和有为政府缺一不可，政府产业政策的有效发挥，也必须与市场配置资源相结合。要尊重有效市场的作用，充分发挥有为政府的积极作用，制定产业转型升级的支持政策，加快产业结构转型升级。部分资源型城市产业发展将生产要素锁定在资源产业内，抑制了生产要素的自由流动，使产业结构转型升级受到严重影响。究其原因，无不与原有的政策有关，因此要想释放资源产业锁定的生产要素，促进生产要素自由流动，提高产业结构合理化水平和高级化水平，地方政府必须转变原有的发展理念，尊重有效市场的作用，充分发挥有为政府的积极作用，制定产业转型升级的支持政策，即一方面地方政府要基于本地区实际情况，在尊重市场作用的基础上，出台加快产业结构转型升级的政策，积极引

导生产要素从资源产业向其他产业流动；另一方面地方政府需要采取一揽子协调配套的财政、科技、人才等措施，鼓励扶持发展新的产业，培育经济增长的新动能，增强经济可持续发展的后劲。

9.1.2　转变考核制度，克服急于求成、急功近利的思想

总结历史的经验教训，丰裕的自然资源不应该成为经济发展障碍。由于人们急于求成、急功近利的短视开发行为，部分地区才错失了产业结构转型升级的最佳时机，资源产业才成为经济发展障碍，拖累了当地经济发展。尤其是目前已经陷入资源诅咒陷阱的资源依赖地区，必须从过去唯 GDP 论向生态绿色执政理念转变，牢记“绿水青山就是金山银山”；领导干部必须改变以往追求经济增长“锦标赛”的政绩观，树立“功成不必在我，建功必定有我”的博大胸怀，践行经济发展与资源利用和环境保护协调发展的理念，持续有序推进本地区产业结构转型升级。

产业结构转型升级是一把双刃剑，长期有收益，短期有阵痛，减少阵痛、降低改革成本，考验的是执政者的胆识和智慧。我们必须清醒地认识到：虽然产业结构转型升级肯定会付出成本、出现短期阵痛，但因产业结构转型升级的短期阵痛而不为所产生的成本会更高、阵痛会更长，切忌因产业结构转型升级的短期阵痛而不为。

9.1.3　根据不同资源类型制定适宜的产业政策

在产业政策的制定上，要根据不同的资源类型制定有计划、有分别的产业政策。

处于资源开发初期的资源成长型城市资源储备丰富，还未越过资源诅咒的拐点，应该成为我国能源资源的供给和后备基地。在制定产业政策时首先要有远见，切忌因为短期的经济利益，设定单纯以自然资源开发为主导的单一产业布局；其次要清楚认识到城市并不是摒弃资源优势转行，而是深耕资源优势产业，注重资源产业的关联产业多元化发展，在为我国经济建设提供资源的同时，应适当推进资源产业链延伸，利用先进技术深耕资源产业，保持产品的竞争优势。

处于资源繁荣中期的资源成熟型城市，虽然资源产业本身难以推动以学习、溢出效应与规模经济等为特征的制造业发展，但是在政府的引导与支持

下，资源产业仍然能够发挥出对经济增长的促进作用。资源成熟型城市应该利用资源繁荣带来的资金等优势，积极寻找和塑造地区新的比较优势，谋划战略性新型产业和绿色产业落户，利用资源产业成熟发展带来的红利，推进产业结构优化升级。

资源衰退型城市在寻找接续替代产业的同时，不能一刀切要求资源产业停止发展。相反，政府需要通过相应的财税政策逐步引导资源产业退出市场，或者通过诸如大数据等新的技术手段帮助资源产业链延伸，发挥出资源产业对经济的余热。避免替代产业还未成长壮大起来之前，资源产业迅速衰落给当地经济发展带来灾难，保证经济增长延续性。在此基础上，努力提高全要素生产力是破解资源枯竭带来的经济社会发展困局的重要途径，未来经济可持续增长的动力来自全要素生产率提高。生产率衡量的是资源利用效率，全要素生产率中的“全”字，就是生产过程中除了资本、劳动还要考虑的其他所有的投入，诸如技术、制度、人力资本、规模报酬、产业结构等。有鉴于此，提高全要素生产率，实际上就是要加大对技术、制度、人力资本、规模、产业结构等因素的投入。

9.2 塑造新的竞争优势，推进资源依赖地区产业结构转型

9.2.1 立足地区资源优势，重塑本地比较优势

资源型城市坐拥丰裕的自然资源，只要利用得当，开采有序，自然资源本应形成地区经济发展的比较优势，而不应使地区陷入资源诅咒困境。

综观目前绝大部分资源型城市，能源产业、化工产业依旧是其重点产业，资源型城市在没有培养出新的优势产业之前，贸然转而发展其他产业，其经济将会遭受致命的打击。而且产业结构转型升级并不是一定要求资源型城市摒弃资源优势另辟蹊径，更不是彻底否定传统产业，而是摒弃原有落后的生产方式，应用现代先进技术改造提升传统产业。时下要克服把产业结构转型升级等同于产业转行的认识误区。资源型城市的传统资源产业并不一定是落后产业，只有传统产业中的落后生产方式才造就了落后产业，进而导致了资源诅咒现象。实践证明，产业结构转型升级根植于传统产业，那种摒弃传统优势产业去追求所谓产业结构转型升级的行为，是违背产业结构转型升级客

观规律的，对此必须有清醒的认识。

资源型城市的产业结构转型升级应该在立足自身资源优势的基础上逐步展开。首先，要制订有序科学的开发计划，提高资源产业的技术创新能力，实现资源产业本身的高级化发展；其次，要通过延长资源产业链条，不断提升资源产品的附加值，通过促进生产要素自由流动，提升地区整体产业结构合理化水平；最后，可以学习挪威，利用自身在传统资源开发方面积累的优势，逐步转型开发新能源，降低对不可再生资源的依赖，推动能源资源产业绿色发展。

9.2.2　运用大数据等新兴技术，谋求产业结构高级化

当前全球新一代信息产业处于加速变革期，大数据技术和应用处于创新突破期，国内市场需求处于爆发期①，再加上我国的一系列顶层设计和战略部署，我国大数据产业出现了良好的发展势头，迎来快速发展的黄金时期。这些新技术的应用能够从整个产业链的多个方面对资源产业进行改进：新技术应用于选矿、采矿中，可以有效提高资源的采集效率；新技术应用于自然资源的冶炼、加工过程，可以促进高端资源产品生产，提高产品的附加值；同时，通过对海量能源交易合同大数据进行分析，可以帮助资源交易定价；线上能源交易平台的产生，有助于能源交易时省略线下交易的中间环节，使得能源交易更为高效、定价更为合理，更重要的是线上能源交易平台的产生能够帮助拓展市场。

总体来说，将新技术引入资源产业，不仅能够提高资源生产和利用效率，提高资源产业智能化水平，实现粗放型生产方式向集约型生产方式转变，助力绿色生产实现，更重要的是新技术的使用能够让不同产业进行交互融合，将新的商业模式引入资源产业，助力传统资源产业链延长。

9.2.3　积极寻找替代产业，培育地区发展新动能

对于资源型城市来讲，既要在立足自身资源优势的基础上，进行传统产业转型升级，也要不遗余力地寻求替代产业，防止资源衰退后出现产业断层

---

① 环境能源优势为大数据产业铺路　规划先行优势产业融合成势［EB/OL］.（2018－06－24）［2020－06－09］. http：//www. ocn. com. cn/touzi/chanye/201806/eaxrx24085602. shtml.

的现象。

替代产业的选择要根据城市的自身特点进行，迪拜替代产业选择的是多元化发展的服务业。我国不同的城市也要根据自身所拥有的自然条件、所处的社会环境，进行替代产业的甄选。比如，枣庄市立足于自身自然和人文景观的特色，将旅游业作为煤炭产业的替代产业，成功转型为新兴的旅游城市。内蒙古自治区等地则应该将发展重点转移到农牧产品加工业上，打造地区的优势品牌，削弱对资源的依赖。大庆市的农业资源得天独厚，可以将绿色有机食品业作为石油产业的替代产业。唐山市虽然同样将部分接续产业转向旅游业，但是瞄准了自身作为资源型城市的特色，在开滦煤矿的基础上改建了开滦国家矿山公园，将煤炭资源整个的开采过程展示给公众。

9.3 积极抓住新机遇，努力塑造地区良好的软环境

9.3.1 积极参与融入资源诅咒国际治理制度的建设

即便是在当下，自然资源与劳动力、资本仍然是经济体要素禀赋结构中的三大要素，资源型城市发展前景仍不可忽视。资源诅咒并非中国独有的问题，而已经成为全球经济发展中共同的问题之一。为了解决这一世界性的难题，国际社会在资源领域进行了诸多有针对性的全球治理活动，力图从国际制度设计角度对资源诅咒问题进行充分治理。积极参与资源诅咒国际治理制度的建设，总结出资源诅咒治理的突破性举措，将中国一些城市成功规避资源诅咒的经验介绍给其他国家和地区，并且对其他国家和地区的治理资源诅咒的经验进行吸收和总结，创新目前由西方国家主导的治理模式，将会对世界范围内的资源诅咒问题的破解提供新的思路。随着资源领域的全球化水平加深，合作竞争成为资源型城市新的出路。

9.3.2 把握“一带一路”倡议带来的新机遇，提高对外开放的层次

对外开放在促进资源型城市走出资源诅咒困境方面有重要作用。长久以来，我国对外开放的重点区域集中于东部地区，而因为资源型城市的区位条件、经济状况等比较落后，中西部地区整体对外开放的水平和层次落后于东

部地区。但是我国对外开放进入了崭新的局面，对于广大中西部资源丰裕地区来讲，是一个提高对外开放层次的新契机。资源型城市更要充分利用“一带一路”倡议带来的新机遇，立足自身的资源优势，积极融入国际市场，加强区域之间的交流与合作，逐步实现经济转型发展。

9.3.3　加大人力资本开发投资力度，提高人力资本水平

资源型城市对资源开发的过度依赖会挤出人力资本，导致人力资本积累不足；反过来，人力资本缺失对资源型经济形成锁定效应，成为制约资源型经济转型的障碍。加大人力资本开发投资力度是我国资源型城市实现经济可持续发展的内在需要。当前我们应着力于以下几个方面：加大高等教育投资力度，提高教育质量；大力发展职业教育，提高全体劳动者素质；创新体制机制，加大研发经费投入，提高研发机构的知识创新能力，促进创新性人力资本的积累；提高引进人才的待遇水平，确保人才引进来、留得住。

9.3.4　加强区域间的交流与合作，推动协同化发展

地区绿色经济增长具有显著的空间溢出效应，而环境污染同样具有显著的负外部性，要提高我国绿色经济增长水平，就不能仅仅寄希望于各个城市“单打独斗”，而是要加强区域内部和区域之间的交流和合作，通过相互学习和借鉴先进的经验，引进先进的生产技术，共同提高绿色经济增长水平，共同遏制生态环境恶化的趋势。特别是中西部地区，要加强与东部地区的交流与合作，积极承接东部产业转移工作。

参考文献

［1］ AUTY R M. Sustaining development in mineral economies：the resource curse thesis ［M］. London：Routledge，1993.

［2］ CORDEN W M，NEARY J P. Booming sector and de-industrialisation in a small open economy ［J］. The economic journal，1982，92（368）.

［3］ ALDAVE I，GARCÍA-PEÑALOSA C. Education，corruption and the natural resourcecurse ［EB/OL］. ［2021－07－22］. https：//www. doc88. com/p-6671235296463. html? r＝1.

［4］ SINGER H W. The distribution of gains between investing and borrowing countries ［J］. The American economic review，1950，40（2）.

［5］ MEHLUMH，MOENEK，TORVIKR. Institutions and the resource curse ［J］. The economic journal，2006，116（508）.

［6］ MURSHED S M. When doesnatural resource abundance lead to a resource curse ［C］//EEP Discussion Paper 04—01. London：International Institute for Environment and Development，2004.

［7］ 赵伟伟，白永秀．资源诅咒传导机制的研究述评［J］. 经济理论与经济管理，2010（2）.

［8］ 马腾，张伟．资源型经济的规避和转型探讨［J］. 云南财经大学学报（社会科学版），2010，25（2）.

［9］ 蔡飞．产业结构失衡与调整的市场机制研究——山西产业结构调整的再思考［J］. 技术经济与管理研究，2014（3）.

［10］ 梅冠群．我国“资源诅咒”形成的条件与路径研究［D］. 天津：南开大学，2013.

［11］ PREBISCH R. Commercial policy in the underdeveloped countries（from the point of view of Latin America）［J］. The American economic review，1959，49（2）.

[12] SINGER H W. The distribution of gains between investing and borrowing countries [J]. The American economic review, 1950, 40 (2).

[13] O'NEIL P. Essentials of comparative politics [M]. New York: W. W. Norton & Company, 2006.

[14] CORDEN W M. Boomingsector and Dutch disease economics: survey and consolidation [J]. Oxford economic papers, 1984, 36 (3).

[15] SACHS J D, WARNER A M. The curse of natural resources [J]. European economic review, 2001, 45 (4—6).

[16] 丁菊红，邓可斌. 政府干预、自然资源与经济增长：基于中国地区层面的研究 [J]. 中国工业经济，2007 (7).

[17] 邵帅，杨莉莉. 自然资源丰裕、资源产业依赖与中国区域经济增长 [J]. 管理世界，2010 (9).

[18] 赵伟伟，白永秀. 资源诅咒实证研究的文献综述 [J]. 世界经济文汇，2009 (6).

[19] COXHEAD I. A new resource curse? Impacts of China's boom on comparative advantage and resource dependence in Southeast Asia [J]. World development, 2007, 35 (7).

[20] 赵奉军. 关于“资源诅咒”的文献综述 [J]. 重庆工商大学学报(西部论坛), 2006 (1).

[21] 齐义军. 破解“资源诅咒”的内蒙古模式研究 [M]. 北京：中央民族大学出版社，2012.

[22] GYLFASON T. Natural resources, educationand economic development [J]. European economic review, 2001, 45 (4—6).

[23] 配第. 政治算术 [M]. 陈冬野，译. 北京：商务印书馆，1978.

[24] CLARK C. The conditions of economic progress [J]. The American economic review, 1941, 31 (2).

[25] 库兹涅茨. 各国的经济增长 [M]. 常勋，等，译. 北京：商务印书馆，2005.

[26] 罗斯托. 从起飞进入持续增长的经济学 [M]. 贺力平，等，译. 成都：四川人民出版社，1988.

[27] 罗斯托. 经济增长的阶段 [M]. 郭熙保，王松茂，译. 北京：中国

社会科学出版社，2001.

[28] CHENERY H B, ROBINSON S, SYRQUIN M. Industrialization and growth: a comparative study [M]. New York: Oxford University Press, 1986.

[29] 冯海发. 结构变革的历史顺序 [J]. 当代经济科学，1989 (3).

[30] 斯密. 国民财富的性质和原因的研究 [M]. 郭大力，王亚南，译. 北京：商务印书馆，1972.

[31] 配第. 赋税论 [M]. 陈冬野，等，译. 2 版. 北京：商务印书馆，1978.

[32] 李嘉图. 政治经济学及赋税原理 [M]. 郭大力，王亚南，译. 北京：商务印书馆，1962.

[33] 马尔萨斯. 人口原理 [M]. 子箕，南宇，惟贤，译. 北京：商务印书馆，1961.

[34] HARROD R. An essay in dynamic theory [J]. The economic journal, 1939, 40 (193).

[35] DOMAR E D. Capital expansion, rateof growth, and employment [J]. Econometrica, 1946, 14.

[36] HAGEMANN HARALD. Solow's 1956 contribution in the context of the Harrod-Domarmodel [J]. History of political economy, 2009, 41 (Supplement 1).

[37] SOLOW R M. A contribution to the theory of economic growth [J]. The quarterly journal of economics, 1956, 70 (1).

[38] SWAN T W. Economic growth and capital accumulation [J]. Economic record, 1956, 32 (2).

[39] SATO RYUZO. The Harrod – Domarmodel vs the Neo – Classical growth model [J]. The economic journal, 1964, 74 (294).

[40] SOLOW R M. Perspectives on growth theory [J]. The journal of economic perspectives, 1994, 8 (1).

[41] ROMER D. Advanced macroeconomics [M]. 3rd ed. New York: Mc Graw-Hill/Irwin, 2006.

[42] ROMER P M. The origins of endogenous growth [J]. The journal of economic perspectives, 1994, 8 (1).

[43] LUCAS R. On the mechanics of economic development [J]. Journal of

monetary economics，1988，22（1）.

［44］盛馥来，诸大建．绿色经济：联合国视野中的理论、方法与案例［M］.北京：中国财政经济出版社，2015.

［45］SACHS J D，WARNER A. Natural resource abundance and economic growth［EB/OL］.［2021－01－06］. https：//www. nber. org/papers/w5398.

［46］SACHS J D，WARNER A. Sources of slow growth in African economies［J］. Journal of African economies，1997，6（3）.

［47］SACHS J D，WARNER A. The big push，natural resource booms and growth［J］. Journal of development economics ，1999，59（1）.

［48］PAPYRAKIS E，GERLAGH R. The resource curse hypothesis and its transmission channels［J］. Journal of comparative economics，2004，32（1）.

［49］徐康宁，韩剑．中国区域经济的“资源诅咒”效应：地区差距的另一种解释［J］. 经济学家，2005（6）.

［50］邵帅．能源产业繁荣能够驱动能源型城市经济增长吗？［J］. 统计与信息论坛，2010，25（6）.

［51］丁从明，马鹏飞，廖舒娅．资源诅咒及其微观机理的计量检验——基于 CFPS 数据的证据［J］. 中国人口·资源与环境，2018，28（8）.

［52］ZIDOUEMBA P R，ELITCHA K. Foreign direct investment and total factor productivity：is there any resource curse？［J］. Modern economy，2018，9（3）.

［53］黄建欢，杨晓光，成刚，等．生态效率视角下的资源诅咒：资源开发型和资源利用型区域的对比［J］. 中国管理科学，2015，23（1）.

［54］李江龙，徐斌．“诅咒”还是“福音”：资源丰裕程度如何影响中国绿色经济增长？［J］. 经济研究，2018，53（9）.

［55］张野，周嘉，刘继生，等．基于人类发展指数的金砖五国资源诅咒效应分析［J］. 世界地理研究，2018，27（5）.

［56］MANZANO O，RIGOBON R. Resource curse or debt overhang［EB/OL］.［2021－01－20］. https：//www. nber. org/papers/w8390.

［57］WRIGHT G，CZELUSTA J. Why economies slow：the myth of the resource curse［J］. Challenge，2004，47（2）.

［58］WEBER J G. A decade of natural gas development：the makings of a resource curse [J]. Resource andenergy economics, 2014, 37.

[59] 张亮亮，张晖明. 比较优势和“资源诅咒”悖论与资源富集地区经济增长路径选择——基于对中国地区间经济增长差异原因的扩展分析 [J]. 当代财经，2009 (1).

[60] 张贡生，李伯德. 驳资源诅咒论 [J]. 经济问题，2010 (3).

[61] 方颖，纪衎，赵扬. 中国是否存在“资源诅咒” [J]. 世界经济，2011, 34 (4).

[62] 田志华. 资源诅咒存在吗？[J]. 产业经济评论，2014 (5).

[63] GREASLEY D, MADSEN J. Curse and boon: natural resources and long-run growth in currently rich economies [J]. Economic record, 2010, 86 (274).

[64] TUGCU C T, TIWARI A K. Does renewable and/or non-renewable energy consumption matter for total factor productivity (TFP) growth? Evidence from the BRICS [J]. Renewable and sustainable energy reviews, 2016, 65.

[65] AUTY R M. The political economy of resource - driven growth [J]. European economic review, 2001, 45 (4 - 6).

[66] COLLIER P, GODERIS B. Commodity prices, growth, and the natural resource curse: reconciling a conundrum [EB/OL]. (2009 - 09 - 16) [2021 - 01 - 13]. https://mpra. ub. uni-muenchen. de/17315/.

[67] GERARD B. A natural resource curse: does it exist within the United States [D]. Claremont: Claremont McKenna College, 2011.

[68] 邵帅，齐中英. 西部地区的能源开发与经济增长——基于“资源诅咒”假说的实证分析 [J]. 经济研究，2008 (4).

[69] 战炤磊. 资源禀赋型产业全要素生产率变化：优势还是诅咒？[J]. 产业经济研究，2014 (6).

[70] PERETTO P, VALENTE S. Resources, innovation and growth in the global economy [J]. Journal of monetary economics, 2011, 58 (4).

[71] 邵帅，范美婷，杨莉莉. 资源产业依赖如何影响经济发展效率？[J]. 管理世界，2013 (2).

[72] 孙慧，朱俏俏. 中国资源型产业集聚对全要素生产率的影响研究 [J]. 中国人口·资源与环境，2016, 26 (1).

［73］杜克锐，张宁．资源丰裕度与中国城市生态效率：基于条件 SBM 模型的实证分析［J］. 西安交通大学学报（社会科学版），2019，39（1）.

［74］AREZKI R，VAN DER PLOEG F. Can the natural resource curse be turned into a blessing? The role of trade policies and institutions［EB/OL］.（2007－03－01）［2021－01－20］. https：//www. imf. org/en/Publications/WP/Issues/2016/12/31/Can-the-Natural-Resource-Curse-Be-Turned-Into-a-Blessing-The-Role-of-Trade-Policies-and-20477.

［75］BLATTMAN C，HWANG J，WILLIAMSON J G. Winners and losers in the commodity lottery：the impact of terms of trade growth and volatility in the Periphery 1870—1939［J］. Journal of development economics，2007，82（1）.

［76］GYLFASON T. Natural resources and economic growth：what is the connection［M］//VON CRAMON-TAUBADEL S，AKIMOVA I. Fostering sustainable growth in Ukraine. Heidelberg：Physica，2002.

［77］BEHZADAN N，CHISIK R，ONDER H，et al. Does inequality drive the Dutch disease? Theory and evidence［J］. Journal of international economics，2017，106.

［78］刘瑞明，白永秀．资源诅咒：一个新兴古典经济学框架［J］. 当代经济科学，2008（1）.

［79］张景华．自然资源是“福音”还是“诅咒”：基于制度的分析［J］. 上海经济研究，2008（1）.

［80］王闰平，陈凯．资源富集地区经济贫困的成因与对策研究——以山西省为例［J］. 资源科学，2006，28（4）.

［81］ENGERMAN S L，SOKOLOFF K L. Institutional and non-institutional explanations of economic differences［M］//MENARD C，SHIRLEY M. Handbook of new institutional economics. Boston：Springer，2005.

［82］SALA-I-MARTIN X，SUBRAMANIAN A. Addressing the natural resource curse：an illustration from Nigeria［EB/OL］.［2021－01－15］. https：//www. nber. org/papers/w9804.

［83］SARMIDI T，LAW S H，JAFARI Y. Resource curse：new evidence on the role of institutions［EB/OL］.［2021－01－07］. https：//mpra. ub. uni-muenchen. de/37206/.

[84] 王智辉. 自然资源禀赋与经济增长的悖论研究——资源诅咒现象辨析 [D]. 长春：吉林大学，2008.

[85] 徐林，黄念兵. 资源诅咒还是制度诅咒 [J]. 中共四川省委党校学报，2010 (3).

[86] 何雄浪，姜泽林. 自然资源禀赋、制度质量与经济增长——一个理论分析框架和计量实证检验 [J]. 西南民族大学学报（人文社科版），2017，38 (1).

[87] BIRDSALL N，PINCKNEY T，SABOT R. Natural resources，human capital，and growth [M]. AUTYRM. Resource abundance and economic development. Oxford：Oxford University Press，2004.

[88] 胡援成，肖德勇. 经济发展门槛与自然资源诅咒——基于我国省际层面的面板数据实证研究 [J]. 管理世界，2007 (4).

[89] 赵灵，张景华. 我国西部资源诅咒的传导机制与路径选择 [J]. 统计与决策，2008 (21).

[90] 王成. 突破“资源诅咒”促进资源依赖地区可持续发展 [J]. 宏观经济管理，2010 (7).

[91] 杨莉莉，邵帅. 人力资本流动与资源诅咒效应：如何实现资源型区域的可持续增长 [J]. 财经研究，2014，40 (11).

[92] 李栋华，王霄. 中国省际经济发展的“资源诅咒”——基于Malmquist 和面板数据的分析 [J]. 暨南学报（哲学社会科学版），2010，32 (1).

[93] 邵帅，杨莉莉. 自然资源开发、内生技术进步与区域经济增长 [J]. 经济研究，2011，46 (S2).

[94] MATSUYAMA K. Agricultural productivity，comparative advantage，and economic growth [J]. Journal of economic theory，1992，58 (2).

[95] AREZKI R，ISMAIL K. Boom-bust cycle，asymmetrical fiscal response and the Dutch disease [J]. Journal of development economics，2013，101.

[96] 杨莉莉，邵帅，曹建华. 资源产业依赖对中国省域经济增长的影响及其传导机制研究——基于空间面板模型的实证考察 [J]. 财经研究，2014，40 (3).

[97] 闫美娜. 自然资源禀赋与经济增长关系的实证研究 [D]. 南京：南

京农业大学，2009.

［98］张亮亮．自然资源富集与经济增长——一个基于“资源诅咒”命题的研究综述［J］. 南方经济，2009（6）.

［99］王喜荣，高军．资源富集区摆脱“资源诅咒”的对策研究——以陕西省榆林市为例［J］. 财会研究，2009（20）.

［100］钱纳里，鲁宾逊，塞尔奎因．工业化和经济增长的比较研究［M］. 吴奇，等，译．上海：格致出版社，2015.

［101］吴海兵，肖地楚，王欣欣，等．基于固定效应模型的能源资源禀赋与产业结构关系研究［J］. 宏观经济研究，2013（10）.

［102］梁斌，姜涛．自然资源、区域经济增长与产业结构——基于 DSGE 模型的理论与实证分析［J］. 财经问题研究，2016（4）.

［103］陈浩，方杏村．资源开发、产业结构与经济增长——基于资源枯竭型城市面板数据的实证分析［J］. 贵州社会科学，2014（12）.

［104］宣昌勇，唐成伟，晏维龙．论资源依赖地区产业结构转型：基于“资源诅咒”机理的解析［J］. 江海学刊，2012（6）.

［105］孙永平，叶初升．自然资源丰裕与产业结构扭曲：影响机制与多维测度［J］. 南京社会科学，2012（6）.

［106］缪勇，董春诗．资源开发、经济结构与经济增长——关于“资源诅咒”成因的解释框架［J］. 中央财经大学学报，2011（9）.

［107］唐成伟，陈亮．资源开发、产业结构演进与地区经济增长——基于中介传导模型的实证分析［J］. 经济问题探索，2012（3）.

［108］马腾，张伟．资源型经济的规避和转型探讨［J］. 时代金融，2010（5）.

［109］李虹，邹庆．环境规制、资源禀赋与城市产业转型研究——基于资源型城市与非资源型城市的对比分析［J］. 经济研究，2018，53（11）.

［110］PENEDER M. Industrial structure and aggregate growth［J］. Structural change and economic dynamics，2003，14（4）.

［111］GROSSMAN G M，KRUEGER A B. Economic growth and the environment［J］. The quarterly journal of economics，1995，110（2）.

［112］SHIMADA K，TANAKA Y，GOMI K，et al. Developing a long-term local society design methodology towards a low-carbon economy：an application to

Shiga Prefecture in Japan [J]. Energy policy, 2007, 35 (9).

[113] JIN B, LI G. Green economic growth from a developmental perspective [J]. China finance and economic review, 2013, 1 (1).

[114] 韩永辉，黄亮雄，王贤彬. 产业结构升级改善生态文明了吗——本地效应与区际影响 [J]. 财贸经济，2015 (12).

[115] 冯志军，康鑫，陈伟. 知识产权管理、产业升级与绿色经济增长——以产业转型升级期的广东为例 [J]. 中国科技论坛，2016 (1).

[116] 武建新，胡建辉. 环境规制、产业结构调整与绿色经济增长——基于中国省级面板数据的实证检验 [J]. 经济问题探索，2018 (3).

[117] 刘赢时，田银华，罗迎. 产业结构升级、能源效率与绿色全要素生产率 [J]. 财经理论与实践，2018，39 (1).

[118] 卫平，余奕杉. 产业结构变迁对城市经济效率的影响——以中国 285 个城市为例 [J]. 城市问题，2018 (11).

[119] 谢婷婷，刘锦华. 金融集聚、产业结构升级与绿色经济增长 [J]. 武汉金融，2019 (2).

[120] 李子豪，毛军. 地方政府税收竞争、产业结构调整与中国区域绿色发展 [J]. 财贸经济，2018，39 (12).

[121] 贺俊，范小敏. 资源诅咒、产业结构与经济增长——基于省际面板数据的分析 [J]. 中南大学学报（社会科学版），2014，20 (1).

[122] 傅元海，叶祥松，王展祥. 制造业结构变迁与经济增长效率提高 [J]. 经济研究，2016，51 (8).

[123] 赵新宇，万宇佳. 产业结构变迁与区域经济增长——基于东北地区 1994—2015 年城市数据的实证研究 [J]. 求是学刊，2018，45 (6).

[124] 黄亮雄，王鹤，宋凌云. 我国的产业结构调整是绿色的吗? [J]. 南开经济研究，2012 (3).

[125] 张治栋，秦淑悦. 环境规制、产业结构调整对绿色发展的空间效应——基于长江经济带城市的实证研究 [J]. 现代经济探讨，2018 (11).

[126] 徐康宁，邵军. 自然禀赋与经济增长：对“资源诅咒”命题的再检验 [J]. 世界经济，2006 (11).

[127] 胡健，张凡勇，董春诗. 自然资源开发与区域经济增长——基于扩展的罗默模型对“资源诅咒”形成机理的检验 [J]. 人文杂志，2011 (3).

[128] STIJNS J-P. Natural resource abundance and economic growth revisited [J]. Resources policy, 2005, 30 (2).

[129] FAN R, FANG Y, PARK S Y. Resource abundance and economic growth in China [J]. China economic review, 2012, 23 (3).

[130] 雷仲敏. 我国资源型城市环境污染损失的经济分析及其补偿政策探讨 [J]. 科技创新与生产力, 2011 (1).

[131] 陈诗一. 中国各地区低碳经济转型进程评估 [J]. 经济研究, 2012, 47 (8).

[132] 王兵, 刘光天. 节能减排与中国绿色经济增长——基于全要素生产率的视角 [J]. 中国工业经济, 2015 (5).

[133] 陈超凡. 中国工业绿色全要素生产率及其影响因素——基于 ML 生产率指数及动态面板模型的实证研究 [J]. 统计研究, 2016, 33 (3).

[134] 周璇, 陶长琪. 含空间自回归误差项的空间动态面板模型的检验与模拟 [J]. 数量经济技术经济研究, 2017, 34 (9).

[135] 汪锋, 解晋. 中国分省绿色全要素生产率增长率研究 [J]. 中国人口科学, 2015 (2).

[136] 许冬兰, 李丰云, 吕朵. 绿色全要素生产率的测算方法及应用 [J]. 青岛科技大学学报 (社会科学版), 2016, 32 (4).

[137] JORGENSON D W, GRILICHES Z. The explanation of productivity change [J]. The review of economic studies, 1967, 34 (3).

[138] CAVES D W, CHRISTENSEN L R, DIEWERT W E. The economic theory of index numbers and the measurement of input, output, and productivity [J]. Econometrica, 1982, 50 (6).

[139] CHUNG Y H, FÄRE R, GROSSKOPF S. Productivity and undesirable outputs: a directional distance function approach [J]. Journal of environmental management, 1997, 51 (3).

[140] 张军, 吴桂英, 张吉鹏. 中国省际物质资本存量估算: 1952—2000 [J]. 经济研究, 2004 (10).

[141] YOUNG A. Gold into base metals: productivity growth in the People's Republic of China during the reform period [J]. Journal of political economy, 2003, 111 (6).

[142] 林伯强. 结构变化、效率改进与能源需求预测——以中国电力行业为例 [J]. 经济研究, 2003 (5).

[143] 干春晖, 郑若谷, 余典范. 中国产业结构变迁对经济增长和波动的影响 [J]. 经济研究, 2011, 46 (5).

[144] 吕铁. 制造业结构变化对生产率增长的影响研究 [J]. 管理世界, 2002 (2).

[145] 李逢春. 对外直接投资的母国产业升级效应——来自中国省际面板的实证研究 [J]. 国际贸易问题, 2012 (6).

[146] HERRENDORF B, SCHOELLMAN T. Why is measured productivity so low in agriculture [J]. Review of economic dynamics, 2015, 18 (4).

[147] 刘岳莎, 魏红洋. 互联网金融与产业结构转移升级的关系研究 [J]. 沿海企业与科技, 2015 (2).

[148] 陈静, 叶文振. 产业结构优化水平的度量及其影响因素分析——兼论福建产业结构优化的战略选择 [J]. 中共福建省委党校学报, 2003 (1).

[149] 付凌晖. 我国产业结构高级化与经济增长关系的实证研究 [J]. 统计研究, 2010, 27 (8).

[150] 孟明, 牛东晓, 许晓敏. 经济转型过程中资源依赖度演进路径分解模型研究 [J]. 中国管理科学, 2016, 24 (3).

[151] 刘易斯. 经济增长理论 [M]. 郭金兴, 等, 译. 北京: 机械工业出版社, 2015.

[152] COXHEAD I. 国际贸易和自然资源"诅咒": 中国的增长威胁到东南亚地区的发展了吗? [J]. 经济学 (季刊), 2006, 5 (2).

[153] 鲁金萍. 广义"资源诅咒"的理论内涵与实证检验 [J]. 中国人口·资源与环境, 2009, 19 (1).

[154] ZHANG L L, LONG R Y, CHEN H, et al. Performance changes analysis of industrial enterprises under energy constraints [J]. Resources, conservation and recycling, 2018, 136.

[155] 刘玉萍. 影响我国西部地区发展的"资源诅咒"现象研究——以空间计量模型入手分析 [J]. 中共山西省直机关党校学报, 2014 (1).

[156] 王思博. 能源丰度对西部地区经济增长的影响——基于空间面板计量模型的实证考察 [J]. 山西财经大学学报, 2017, 39 (7).

[157] 洪开荣，侯冠华．基于空间计量模型对“资源诅咒”假说的再检验［J］．生态经济，2017，33（11）．

[158] 刘宗飞，姚顺波，刘越．基于空间面板模型的森林“资源诅咒”研究［J］．资源科学，2015，37（2）．

[159] 徐晓亮，程倩，车莹．中国区域“资源诅咒”再检验——基于空间动态面板数据模型的分析［J］．中国经济问题，2017（3）．

[160] LESAGE J P. Bayesian estimation of limited dependent variable spatial autoregressive models［J］. Geographical analysis，2000，32（1）．

[161] 樊纲，王小鲁，马光荣．中国市场化进程对经济增长的贡献［J］．经济研究，2011，46（9）．

[162] 赵善梅，吴士炜．基于空间经济学视角下的我国资本回报率影响因素及其提升路径研究［J］．管理世界，2018，34（2）．

[163] 刘生龙，张捷．空间经济视角下中国区域经济收敛性再检验——基于1985—2007年省级数据的实证研究［J］．财经研究，2009，35（12）．

[164] ELHORST J P. Dynamic spatial panels：models，methods，and inferences［J］. Journal of geographical systems，2012，14（1）．

[165] 唐绍祥，汪浩瀚，徐建军．流动性约束下我国居民消费行为的二元结构与地区差异［J］．数量经济技术经济研究，2010，27（3）．

[166] 张璟，沈坤荣．地方政府干预、区域金融发展与中国经济增长方式转型——基于财政分权背景的实证研究［J］．南开经济研究，2008（6）．

[167] JAFFE A B，PETERSON S R，PORTNEY P R，et al. Environmental regulation and the competitiveness of U. S. manufacturing：What does the evidence tell us［J］. Journal of economic literature，1995，33（1）．

[168] BARON R M，KENNY D A. The moderator-mediator variable distinction in social psychological research：conceptual，strategic，and statistical considerations［J］. Journal of personality and social psychology，1986，51（6）．

[169] 张复明．工业化视野下的资源型经济：解释模型和分析框架［J］．经济学动态，2008（8）．

[170] 王柏杰，郭鑫．地方政府行为、“资源诅咒”与产业结构失衡——来自43个资源型地级市调查数据的证据［J］．山西财经大学学报，2017，39（6）．

[171] 刘伟，张辉，黄泽华．中国产业结构高度与工业化进程和地区差异的考察［J］. 经济学动态，2008（11）.

[172] 茶洪旺，郑婷婷，袁航．资源诅咒与产业结构的关系研究——基于 PVAR 模型的分析［J］. 软科学，2018，32（7）.

[173] 朱智文，张娟娟．甘肃省能源消费、产业结构和经济增长的关系［J］. 开发研究，2015（1）.

[174] 李强，徐康宁．资源禀赋、资源消费与经济增长［J］. 产业经济研究，2013（4）.

[175] HOLTZ-EAKIN D，NEWEY W，ROSEN H S. Estimating vector autoregressions with panel data［J］. Econometrica，1988，56（6）.

[176] LOVE I，ZICCHINO L. Financial development and dynamic investment behavior：evidence from panel VAR［J］. The quarterly review of economics andfinance，2006，46（2）.

[177] 曹海娟．产业结构对税制结构动态响应的区域异质性——基于省级面板数据的 PVAR 分析［J］. 财经研究，2012，38（10）.

[178] LÜTKEPOHL H，REIMERS H-E. Granger-causality in cointegrated VAR processes：the case of the term structure［J］. Economics letters，1992，40（40）.

[179] HAUSMANN R，RIGOBON R. An alternative interpretation of the ‘resource curse’：theory and policy implications［EB/OL］.［2021－03－07］. https：//www. nber. org/papers/w9424.

[180] 董利红，严太华，邹庆．制度质量、技术创新的挤出效应与资源诅咒——基于我国省际面板数据的实证分析［J］. 科研管理，2015，36（2）.

[181] 汪戎，朱翠萍．资源与增长间关系的制度质量思考［J］. 清华大学学报（哲学社会科学版），2008（1）.

[182] TORVIK R. Natural resources，rent seeking and welfare［J］. Journal of development economics，2002，67（2）.

[183] 谢千里，罗斯基，郑玉歆，等．所有制形式与中国工业生产率变动趋势［J］. 数量经济技术经济研究，2001（3）.

[184] 王学斌，朱永刚，赵学刚．资源是诅咒还是福音？［J］. 世界经济文汇，2011（6）.

［185］ GYLFASON T，ZOEGA G. Inequality and economic growth：do natural resources matter ［C］ //CESifo working paper No 712. Elmau：CESifo，2002.

［186］ HANSEN B E. Threshold effects in non-dynamic panels：estimation，testing，and inference ［J］. Journal of econometrics，1999，93 （2）.

［187］ MIDEKSA T K. The economic impact of natural resources ［J］. Journal of environmental economics and management，2013，65 （2）.

［188］ LARSEN E R. Escaping the resource curse and the Dutch disease? When and why Norway aaught up with and forged ahead of its neighbors ［J］. The American journal of economics and sociology，2006，65 （3）.

［189］ MENZEL U，SENGHAAS D. Indikatoren zur bestimmung von schwellenländern. Ein vorschlag zur operationalisierung ［M］ //NUSCHELER F. Dritte welt-forschung. Wiesbaden：VS Verlag für Sozialwissenschaften，1985.

［190］ 王莉莉．挪威力争成为新能源汽车“领军者” ［J］. 中国对外贸易，2018 （2）.

［191］ LISTHAUG O. Oil wealth dissatisfaction and political trust in Norway：a resource curse ［J］. West European politics，2005，28 （4）.

［192］ DYRSTAD J. Resource curse avoidance：governmental intervention and wage formation in the Norwegian petroleum sector ［J］. Oxford economic papers，2017，69 （3）.

［193］ VILLE S，WICKEN O. The dynamics of resource-based economic development：evidence from Australia and Norway ［J］. Industrial and corporate change，2013，22 （5）.

［194］ 侯隽．挪威要告别“荷兰病”，搭上“东方快车” ［J］. 中国经济周刊，2017 （45）.

［195］ MISHRIF A，KAPETANOVIC H. Dubai's model of economic diversification ［M］ // MISHRIF A，AL BALUSHI Y. Economic diversification in the Gulf Region，volume Ⅱ. Singapore：Palgrave Macmillan，2018.

［196］ STEPHENSON M L，ALI-KNIGHT J. Dubai's tourism industry and its societal impact：social implications and sustainable challenges ［J］. Journal of tourism and cultural change，2010，8 （4）.

［197］ HVIDT M. The Dubai model：an outline of key development-process

elements in Dubai [J]. International journal of Middle East studies, 2009, 41 (3).

[198] AL SHAMA N. Sustainability of the Dubai model of economic development [D]. Manchester: The University of Manchester, 2014.

[199] 景普秋，朱俊杰．资源丰裕区域产业多元化战略选择与经济绩效：迪拜与阿布扎比的比较研究 [J]. 兰州财经大学学报，2015，31 (5).

[200] SCHEPELMANN P, KEMP R, SCHNEIDEWIND U. The eco-restructuring of the Ruhr District as an example of a managed transition [M] // BRAUCH H, SPRING Ú, GRIN J, et al. Handbook on sustainability transition and sustainable peace. Cham, Springer, 2016.

[201] 朱俊杰．资源依赖地区产业多元化路径选择及保障机制研究 [D]. 太原：山西财经大学，2013.

[202] 李向阳．产业转型的国际经验及启示 [J]. 经济纵横，2013 (10).

[203] HEIDENREICH M. The new museum Folkwang in Essen. A contribution to the cultural and economic regeneration of the Ruhr Area? [J]. European planning studies, 2013, 23 (8).

[204] 任保平．欧盟一体化进程中德国鲁尔区的产业转型绩效分析及其启示 [J]. 西安财经学院学报，2006 (6).

[205] 刘春禧，曹伟．结构调整与企业转型——德国鲁尔矿区的振兴之路 [J]. 现代企业教育，2003 (5).

[206] 彭华岗，侯洁．德国资源型城市和企业转型的经验及启示 [J]. 中国经贸导刊，2002 (19).

[207] 许信胜，牛妍．资源型城市经济转型的国际经验和对我国的启示 [J]. 兰州交通大学学报（社会科学版），2005，24 (5).

[208] 李清辉，赵明丽．以发展信息产业为重点加快资源型城市转型 [J]. 经济研究导刊，2010 (19).

[209] 李波，梁双陆．信息通信技术、信息化密度与地区产业增长——基于中国工业数据的经验研究 [J]. 山西财经大学学报，2017，39 (9).

[210] 张敏，马泽昊．信息化、产业结构与区域经济增长——基于中国省际面板数据的经验分析 [J]. 财政研究，2013 (8).

[211] 陈庆江，杨蕙馨，焦勇．信息化和工业化融合对能源强度的影

响——基于 2000—2012 年省际面板数据的经验分析［J］. 中国人口·资源与环境，2016，26（1）.

［212］韩先锋，惠宁，宋文飞．信息化能提高中国工业部门技术创新效率吗［J］. 中国工业经济，2014（12）.

［213］高世楫，李佐军，等．用制度创新促进绿色发展［M］. 北京：中国发展出版社，2017.

［214］茶洪旺，郑婷婷．中国大数据产业发展研究［J］. 中州学刊，2018（4）.

［215］王娅奇．破解“资源诅咒”的国际行动：理论与现实［M］. 合肥：合肥工业大学出版社，2018.

附录　矿产资源型城市

八大经济区域	省（区、市）	数量（个）	矿产资源型城市
东北地区	辽宁	6	阜新市、抚顺市、本溪市、鞍山市、盘锦市、葫芦岛市
	吉林	5	松原市、吉林市、辽源市、通化市、白山市
	黑龙江	7	黑河市、大庆市、鹤岗市、双鸭山市、七台河市、鸡西市、牡丹江市
北部沿海地区	北京	0	—
	天津	0	—
	河北	5	张家口市、承德市、唐山市、邢台市、邯郸市
	山东	7	东营市、淄博市、临沂市、枣庄市、济宁市、泰安市、莱芜市
东部沿海地区	上海	0	—
	江苏	2	徐州市、宿迁市
	浙江	1	湖州市
南部沿海地区	广东	2	韶关市、云浮市
	福建	3	南平市、三明市、龙岩市
	海南	0	—
黄河中游地区	山西	10	大同市、朔州市、阳泉市、长治市、晋城市、忻州市、晋中市、临汾市、运城市、吕梁市
	内蒙古	5	包头市、乌海市、赤峰市、呼伦贝尔市、鄂尔多斯市
	河南	7	三门峡市、洛阳市、焦作市、鹤壁市、濮阳市、平顶山市、南阳市
	陕西	6	延安市、铜川市、渭南市、咸阳市、宝鸡市、榆林市
长江中游地区	安徽	9	宿州市、淮北市、亳州市、淮南市、滁州市、马鞍山市、铜陵市、池州市、宣城市
	江西	5	景德镇市、新余市、萍乡市、赣州市、宜春市
	湖北	2	鄂州市、黄石市
	湖南	4	衡阳市、郴州市、邵阳市、娄底市

续　表

八大经济区域	省（区、市）	数量（个）	矿产资源型城市
大西南地区	广西	3	百色市、河池市、贺州市
	四川	8	广元市、南充市、广安市、自贡市、泸州市、攀枝花市、达州市、雅安市
	贵州	1	六盘水市
	云南	6	曲靖市、保山市、昭通市、丽江市、普洱市、临沧市
	重庆	0	—
大西北地区	青海	0	—
	甘肃	7	金昌市、白银市、武威市、张掖市、庆阳市、平凉市、陇南市
	宁夏	1	石嘴山市
	新疆	1	克拉玛依市

注：本附录参考《全国资源型城市可持续发展规划（2013—2020年）》。